BERNARD LAFONT

AU CIEL DE VERDUN

NOTES D'UN AVIATEUR

BERGER-LEVRAULT, ÉDITEURS, PARIS

1918

AU CIEL DE VERDUN

BERNARD LAFONT

AU CIEL DE VERDUN

NOTES D'UN AVIATEUR

BERGER-LEVRAULT, ÉDITEURS, PARIS

1918

Le risque : une profondeur sans fin, lourde et sombre... Et là-bas, tout là-bas, une énergie qui se débat, un instinct qui lutte contre le néant menaçant... Dans quels abîmes, dans quel monde, ce combat d'horreur ? Et qui le livre...

Ma pensée soudain plonge droit, épouvantablement vite, vers ces fonds d'effroi...

Ah ! c'est moi qui suis là, à me débattre... dans du noir, dans du vide... Pourquoi ? contre quoi ?...

Oh ! ma tête ! ma tête !... Mais ôtez donc la masse qui l'écrase !... Je vous en supplie, faites vite. Vous voyez bien que si vous tardez, je vais mourir sous elle ! Au secours !... Délivrez-moi ! Ayez pitié !

Une masse!... Un fer aussi qui vrille mon cerveau. Je souffre, je souffre!... Mais soyez donc pitoyable, détournez cette pointe qui entre petit à petit, là, par la joue droite... Qu'attendez-vous? Malédiction! vous ne bougez pas, vous ne voulez pas!

Et ma douleur s'intensifie, pénètre jusqu'au plus intime de mon être. Je n'en puis plus...

Mes muscles se raidissent dans un spasme désespéré... Je vais mourir.

Non! Comment cela est-il possible? Comment ma tête est-elle assez vaste pour contenir une pareille douleur?

Je ne meurs pas. Mais la masse et la pointe sont toujours là qui pèsent, qui pénètrent... Et vous me regardez sans rien tenter pour me soulager! Je n'aurais pas cru possible une telle dureté...

Mais pourquoi suis-je impuissant à me délivrer moi-même?... Mon corps est lié à je ne sais quoi par de multiples liens. Chacun de mes membres est d'une lourdeur infinie... Je m'évertue pourtant... Hélas! tout à fait en vain. Mais je sue abondamment et des gouttes glacées roulent sur mes chairs moites... Une force immense est là qui m'étreint puissamment, qui m'immobilise...

Je ne puis rien... Une angoisse s'empare de moi. A mon côté, il y a une forme imprécise, mais effrayante... Oh! chassez-la! chassez-la!... j'ai peur, Dieu! que j'ai peur. Elle m'entraîne. C'est une chute affreuse. Où vais-je?... je tombe... je tombe...

Des voix, j'entends d'étranges voix, des sonneries éclatantes, indéfiniment répercutées, des tintements de cloche...

Je ne « la » vois pas, mais je suis bien sûr qu'elle est toujours auprès de moi. Sentez-vous sa présence? Éloignez-la, si vous avez un cœur...

Je tombe... Des lueurs vastes et blafardes, des sons lointains... Je m'enfonce en des régions toujours plus sombres. Ma chute s'accélère...

... Mon corps? où est mon corps? Disparu, je n'en ai plus conscience. Je suis un esprit qui descend. Je ne souffre plus. Mais « elle » est encore plus près de moi... Ah! sauvez-moi, je ne veux pas mourir!

La chute s'accélère encore. Mais qui est-ce qui tombe ainsi? Pas moi, n'est-ce pas? ce serait trop affreux...

Horreur! c'est moi! Oh! l'effroyable vérité...

Encore plus vite! Encore... je n'en puis plus. Je m'abandonne, tout disparaît.

. . . .

Je le sais. Inutile d'expliquer. Je suis à l'hôpital et j'ai manqué mourir cette nuit...

Je me souviens. Ne vous donnez pas la peine de raconter... Oui... Un moteur qui plaque à l'envol, une glissade sur l'aile, un écrasement...

Ah! j'ai une fracture des maxillaires. Tant pis...

Je souffre, mais cela est très supportable. L'horrible, voyez-vous, c'est d'assister, à demi conscient, à la lutte terrible de l'instinct vital et de la mort qui vient...

Je souffre, mais je suis bien en vie. C'est bon d'être ainsi.

. . . .

— Infirmier, priez donc mon voisin de gauche de se taire un instant. Il m'est impossible de reposer.

— On ne demande pas aux gens d'interrompre leur râle. Votre voisin, mon lieutenant, a le crâne fracturé à la base. Soyez assuré que, d'ici une heure, il ne vous gênera plus...

L'infirmier s'éloigne. Le moribond poursuit sa lamentable plainte. Soudain, son corps bouge et sursaute. Des sons rauques s'élèvent... Puis, rien..., du silence, de l'immobilité. Il est mort, seul, dans la nuit...

. . . .

Il est mort. Mais cet autre, non. Et c'est bien le pis. Comment! Un éclat d'obus, un seul, a pu faire une telle blessure! Oh! cachez cette face hideuse, cachez-la. Je détourne les yeux, mais j'ai vu et je n'oublierai pas, dussé-je vivre cent ans...

J'ai vu un homme qui, à la place du visage, avait un trou sanglant. Plus de nez, plus de joue; tout cela disparu, mais une large cavité, au fond de laquelle bougent les organes de l'arrière-gorge. Plus d'yeux, mais des lambeaux de paupières, qui pendent sur du vide...

Un trou sanglant... Oh! cachez ce masque d'horreur.

. . . .

Je vous en prie, ne m'interrogez plus sur mes pauvres compagnons de souf-france...

Que je n'aie pas à vous parler de celui qu'une blessure a paralysé et qu'on pro-mène dans une voiture; ni de cet autre, l'amputé des deux jambes, qui marche sur les genoux; ni de cet autre encore, à profil de fouine, dont le maxillaire inférieur fut emporté...

Permettez que je taise le peuple dou-loureux, amoindri, des victimes de la grande guerre...

Cela suffit d'ailleurs. Vous connaissez maintenant le risque du jeu terrible... : les affres de la mort ou les mutilations.

L'enjeu : une plus grande estime de soi-même et la libre France, n'est-ce pas? Et cela vaut bien des peines et des souf-frances.

Le jeu : son terrain, c'est l'immensité transparente où se perd le regard ; sa règle, de placer habilement des projectiles en des zones déterminées et d'abattre, de temps en temps, quelque adversaire.

Il se joue quelques heures seulement de la journée et il laisse aux joueurs bien des loisirs. Aussi leur vie est-elle double. Ils mènent l'une sur le vieux plancher, assez semblable à celle des temps de paix. L'autre, intense, mouvementée, dans le vent et le danger, ils la passent à servir...

Si toutes deux vous intéressent, voici les quelques souvenirs que j'ai réunis.

C'est un bois de sapins, au flanc d'une colline, un pauvre bois de pauvres arbres. La nature, qui fit à Verdun tout chichement, l'a placé là, rabougri, misérable. Nulle teinte, nulle valeur décorative. Il est dans la campagne un carré sombre, et voilà tout.

Parfois, cependant, il intéresse. Quand, aux approches du soir, les brumes bleues se lèvent et se coulent aux creux des vallées, il est de leurs pans errants qui s'en vont caresser le petit bois, puis, ils l'enserrent et le noient de leurs flots légers. Son agonie, jeu délicat de teintes fondues, pastel doux, est émouvante à voir.

Mais ce n'est l'espace que d'un instant, et le plaisir goûté laisse à l'âme une tristesse infinie.

Aussi, n'est-ce pas pour chanter sa

beauté que j'évoque ici ce petit bois, mais parce qu'il est en bordure d'un des plus importants terrains d'aviation de Verdun et que le personnel de l'escadrille C..., auquel j'ai l'honneur d'appartenir, l'habita durant les longs mois d'une longue bataille...

L'installation ne prit que peu de temps. Un beau jour — en mai 1916 — notre train roulant, camions et lourds tracteurs, se rangea en lisière du bois. Il était 2 heures après midi. L'on se mit au travail... Quand vint le soir, sous deux grands arbres, les seuls du bois, nos deux tentes développaient leurs toiles kaki.

La vue de ces monstres paisibles ravit mon cœur. C'est qu'à considérer le sol entièrement vierge du bois, j'avais conçu de l'inquiétude... Allais-je avoir un toit pour la nuit ? Certes, durant ma vie de soldat, j'ai souvent dormi à la belle étoile ; mais cela m'a toujours été très pénible, alors même que les nuits étaient douces... Emprise de l'habitude, sans doute.

Or j'avais un toit, et même un lit, comment n'être pas heureux? Depuis, l'installation s'est améliorée. Avec de vieilles caisses, mon ordonnance a fabriqué des meubles rustiques; je possède, en plus du lit, un escabeau et une table, bref l'essentiel de l'ameublement. Je jouis même de superflu, car j'ai un portemanteau, jeune arbre ébranché, une table de toilette, une étagère. L'aviation est une arme qui permet tout le confort. Et dans mon coin de tente, sous la toile hospitalière, au milieu de ces quelques meubles familiers, j'ai vécu huit mois.

Je suis mollement étendu à l'ombre des grands arbres, auprès des tentes; je regarde...

Devant moi, le terrain, les hangars d'avions. Il est bien terne, le terrain, plage inculte où ne poussent que de maigres herbes, sans couleur ni variété. Ils sont bien stupides, les hangars, gros ballons de toile jaunâtre, avec des ouvertures énormes; sortes de crapauds monstrueux, méditant, la gueule ouverte. Mais cet ensemble fade se limite au trait ferme de la crête et il surgit de derrière elle un ciel profond et limpide comme un infini de cristal.

Je laisse mon regard se perdre dans cette beauté immense et légère. Mon âme en est toute rafraîchie.

. . . .

Mais voici la nuit qui vient. J'ai plaisir à

voir les grands oiseaux regagner le nid. Ils descendent, les ailes immobiles; en une manœuvre rapide, ils piquent vers le sol, puis se redressent, légers, et se posent. Ils roulent avec un bruit de tambour gratté, se dépêchant, patauds et lourds, vers les hangars qui les avalent. Les uns viennent droit des lignes, points noirs qui grossissent en bourdonnant. Les autres virent et virent encore.

.   .   .   .

La nuit approche, l'ombre des grands arbres à côté de moi s'allonge.

Un avion attardé profite d'un dernier rayon de soleil et brille au loin, comme une étoile... Il se pose. Tout s'immobilise, tout se tait. Le terrain s'endort à la clarté mourante.

J'achève d'assujettir mon casque. Je jette un coup d'œil sur mes cartes, mes jumelles. Tout est en place. La ceinture est bouclée, je suis prêt...

Je me retourne, et au personnage, gros de fourrure comme un cocher russe, qui fixe sur moi des yeux exorbités d'insecte — c'est mon pilote, lunettes comprises — je hurle :

— En route !

Je me carre .dans mon siège et j'attends.

Les moteurs tournent. L'appareil s'ébranle. Quelques secondes de cahotement, c'est la terre, hargneuse, qui s'efforce de faire souffrir jusqu'au dernier moment. Et puis, d'un mouvement souple et puissant, l'envol... Nous montons...

Comme c'est loin, la terre ! J'en aperçois un morceau rond et plat, ainsi qu'une galette. Les bords s'estompent de brume bleue! Hommes et bêtes sont des points noirs ou blancs; les maisons, des carrés rouges dans le damier minuscule des champs; les routes, de fins traits blancs...

Et tout en déroulant mon antenne, je songe que c'est bien peu de chose décidément que le cadre de la vie. Quoi! c'est ce minuscule et terne disque, le cercle des agitations humaines, où tourbillonnent, s'affrontent, s'exaspèrent les désirs, les intérêts, les passions, comme les vagues d'une mer en furie! Quelle petitesse! Quelle vanité!

Ah! que ne puis-je ici, devant l'immensité, la clarté d'espaces infinis, m'affranchir pour toujours des mille liens qui douloureusement attachent mon âme à une humanité de conventions, de sottise et d'orgueil!

Comme les régions que j'ai gravies sont simples et paisibles!

. . . .

Nous approchons des lignes. J'aperçois au loin les champs retournés, les durs labours de la souffrance et de la mort: tache brune dans la campagne. Voici 3o4, plus loin Mort-Homme, côte du Poivre, et Douaumont, et Vaux. Et, sur ces crêtes pelées, la longue théorie des fumées d'obus : colonnes ocres ou blanches, qui jaillissent du sol et s'en vont avec le vent; fantômes aux longues robes traînantes, à la marche paresseuse; lavandières, sans doute, qu'on ne rencontre qu'en signe de mort : leur lente procession n'a pas de fin; elle se perd dans les lointains brumeux.

Et de tous les côtés dans la campagne, au long des haies, au coin des bois, s'allument les brèves lueurs des coups de canon : vraie danse de feux follets.

C'est, à n'en pas douter, une préparation d'attaque allemande. Je regarde de tous mes yeux.

Nul bruit terrestre, au travers des ronflements des moteurs, ne parvient à mes oreilles. Comme je suis loin de la grande bataille! Les éclatements..., vapeurs du sol, peut-être? Les lueurs des départs..., scintillements d'insectes. Je doute de la réalité de la bataille...

Et pourtant, je le sais, sous ces fumées paresseuses, il y a de pauvres corps que crispe l'angoisse de la mort. Ils sont là, les fantassins, tassés dans des vestiges de tranchée, attendant l'assaut. Et sur cette chair sans défense, les obus tombent et tombent encore, implacables. Parfois, hachés, rompus, disloqués, des corps sont projetés. Il pleut aux alentours des lambeaux sanglants. Des gémissements, des râles montent, voix faibles et plaintives, dans le fracas des explosions. Les yeux brillent étrangement dans les orbites creuses.

Pas un ne recule! Qui dira la grandeur de ces hommes, à l'âme ferme, devant l'horreur d'une effroyable mort? Et leur souffrance! Je suis bien loin de la grande bataille.

. . . .

Je croise au-dessus des lignes! Parfois, de minuscules boules nuageuses naissent au voisinage de l'appareil. Tirs quelconques de batteries antiaériennes. Parfois aussi, dans une volte rapide, un avion ennemi me montre ses croix noires : c'est la mort qui se rappelle à mon souvenir. Car je suis aussi à la bataille, celle de l'air, et non moins que d'autres, elle est meurtrière. La dure loi de la guerre n'a pas d'exception. Mais, j'ai honte, parce qu'ici, en haut, si l'on meurt, l'on souffre peu.

. . . .

Nous descendons. Au passage, Verdun, toile d'araignée dont les rues forment la trame ; la cathédrale, la citadelle : simples figures géométriques, rectangle ou polygone. Verdun et son collier sombre de grands arbres.

Et voilà le terrain, si petit, si petit, dans l'immensité des campagnes. Comment pourrons-nous jamais poser notre avion, une machine si grosse, sur un si minuscule carré ?

Nous descendons. Les cordes sifflent. Une heureuse manœuvre et nous voilà à terre. Nous roulons.

Paix, les moteurs !... Quel silence !... Lentement, je descends de la carlingue ; je fais quelques pas, la démarche incertaine. Un brouillard léger me semble flotter sur toutes choses. Je suis ivre un peu, grisé de vitesse et de vent.

Je me retourne sur mon siège...

— Oh! là! Derrière nous, tout près...
Virez! Virez!

Je hurle dans le vent, tout en étendant
le bras vers une forme noire, très petite
dans l'espace...

L'appareil se met tout droit! Un vent
violent me frappe en plein visage, tandis
qu'une force multiple, irrésistible, me plaque,
m'écrase sur mon siège... Je perds toute
vigueur musculaire; je me trouve entièrement paralysé...

En même temps, j'ai la sensation que ma
tête se vide de son contenu. Un vertige
puissant brouille ma vue et ma pensée.

L'appareil tombe. Je tombe comme une
masse, la respiration coupée, le cœur et
l'estomac douloureux...

Et puis, un brusque arrêt, un soulèvement puissant..., la fin du virage.

Là, piquant droit sur nous, une forme noire, un Fokker... Nous allons l'un sur l'autre, vertigineusement vite. Attention !...

Au croisement, une volée de balles envoyées et reçues... J'entends très nettement le claquement sinistre des minuscules messagères de mort...

Pas de résultat apparent, d'aucun côté.

Et tout aussitôt, un nouveau virage! Le vent m'arrache brutalement la mitrailleuse des mains et me renverse !... Je suis emporté dans l'espace, comme une feuille dans un tourbillon violent...

Nouveau croisement, nouvel échange de balles! Encore manqué. Mais aussi, quel tir! A cent cinquante à l'heure, sur une cible à deux cents...

Le combat se poursuit. Les appareils virent et descendent, glissent et tombent... Le disque de la terre s'incline, se balance.

Je le vois dans des positions étranges. Voici qu'un renversement sur l'aile me le montre au zénith! C'est vraiment une vision d'Apocalypse, que ce bondissement de la terre, aussi légère qu'une balle de sureau, dans l'espace...

Tout est mouvement, tout fuit. Rien de fixe, nul point immobile où accrocher un sentiment dernier de stabilité...

Bouleversement immense, tournoiement prodigieux.

Et dans la carlingue, les poussées d'air, les forces centrifuge et de la pesanteur se font un jouet de moi et me brimbalent à la façon d'une boule dans un grelot! Je ne sais plus guère où je suis ni ce que je fais, mais mon énergie reste entière et ma volonté ferme.

J'abattrai mon adversaire.

De temps en temps, comme un éclair, sa blancheur passe dans le tourbillonnement immense. Pan! pan! pan!... Quelques balles à la hâte...

Les virages sont de plus en plus fréquents,

de plus en plus serrés. Le brun, qu'est la terre, la luminosité, qu'est le ciel, alternent en une rotation maintenant forcenée...

J'ai les nerfs exaspérés, la tête sans pensée... Je n'en puis plus.

Où est mon ennemi? Je le cherche des yeux; je ne le trouve pas... Disparu je ne sais où. Le combat vient de finir aussi brusquement qu'il s'est engagé.

Plus de virages; un vol en ligne droite, qui est un grand repos. Je reprends peu à peu entière possession de moi-même...

Un cauchemar, n'est-ce pas, que ces instants où ciel et terre, la mort et nous tournoyions, mêlés?

Un cauchemar, certainement; car tout est à présent bien en place et immobile, les campagnes et le ciel.

Une triste nouvelle court. Boillot, le pilote merveilleux, le soldat sans peur, Boillot, qui, à peine entré dans l'aviation, se révèle un maître et se distingue à l'égal des plus fameux, Boillot vient d'être tué en combat aérien... Tout le monde est atterré. Il était une si grande espérance.

Un appareil, au fuselage couleur de sang, se pose. On se précipite. C'est Navarre qui vient aux nouvelles. Il a eu connaissance de l'événement. D'un bond, il s'est jeté en avion ; un départ brusque, un vol rapide. Il est là, il veut savoir ce qu'il est advenu de son compagnon des grandes chasses.

Hélas ! le sort de Boillot est clair. Quelqu'un explique à Navarre ce qui s'est passé. L' « as » écoute sans sourciller. Un instant, il se fige en une contemplation farouche, le regard perdu au loin. Puis, il fonce en plein ciel... pour la vengeance.

. . . .

Et voici la mort de Boillot.

Boillot, sur les larges routes de l'air, rencontre cinq avions allemands. Il est seul. Qu'importe! voit-on jamais l'aigle refuser le combat?

Il se rue à l'attaque. Les mitrailleuses claquent. Boillot est atteint, en plein vol, en plein héroïsme, d'une balle au cœur... haut, très haut dans l'azur lumineux. Il tombe, chose pitoyable. Et qu'est-ce donc que le corps, quand l'âme est partie?

Il tombe... Boillot a fini de servir.

. . . .

Et Navarre, le soir même, a vengé Boillot. Mais il est triste, parce que son ami n'est plus.

En avion, au-dessus des lignes.

... Ne me semble-t-il pas entendre un murmure confus, un grouillement lointain? Je me trompe évidemment; quel bruit, au travers des ronflements des moteurs, pourrait parvenir à mes oreilles?

Pourtant, je perçois une rumeur immense. Suis-je bien éveillé? Sans doute, car voici autour de moi un avion bien réel. Non, je ne rêve pas. Alors? Que penser?... Mais je n'ai plus le temps de chercher une explication.

C'est que la rumeur monte. Elle grandit, et soudain c'est une tempête de hurlements, de plaintes : des coups sourds, des crissements, des arrachements, des tintements;

un monde sonore, divers et formidable, qui m'emplit la tête et m'étourdit... L'âme troublée, j'écoute, tout mon être tendu.

Quelle est cette voix puissante qui hurle à mes oreilles, plus vaste, plus douloureuse que celle des mers, les soirs de tempête?

C'est l'émanation, je le sais tout à coup, la poignante émanation d'une souffrance et d'une angoisse infinie...

Longtemps, j'écoute l'immense plainte...

Et puis, dans le vaste concert, l'une après l'autre, je distingue les parties. Des voix singulières me deviennent perceptibles. Elles poignent mon cœur d'horreur et d'épouvante.

. . . .

Un bruissement subtil, un frôlement et des chocs légers, comme de draps sur des chairs. On dirait, n'est-ce pas, le frissonnement d'innombrables corps humains. A n'en pas douter, c'est cela... Frissons de faim, de soif, de fatigue, de fièvre..., je ne sais! Mais, aux mouvements convulsifs de muscles dou-

loureux et las, naît et parle une voix plain-
tive...

Partout, partout, c'est un murmure léger
et continu, comme celui d'une eau sur le
gravier! Il est clair qu'ainsi s'exprime une
souffrance non aiguë mais sans fin ni trêve...

.   .   .   .

Autre chose, maintenant... Écoutez! N'en-
tendez-vous pas ces subtils déchirements?
Des chairs qui se tendent, n'est-ce pas, et
cèdent? Ces craquements, des os qui rompent? Ce murmure, du sang qui coule?
C'est ainsi que doivent se déchirer, rompre
et saigner des corps écartelés.

Et ce battement dans l'eau? Et cette chute
d'un liquide dans un trou? Mais c'est un être
qui se noie; il se débat contre la mort; il
agite des bras impuissants! Flouc! flouc!
L'eau descend, implacable et régulière. L'en-
tendez-vous? Plus maintenant?... C'est fini,
parbleu!

Et ce grésillement? Serions-nous dans une

rôtisserie, pour qu'ainsi chantent au feu des chairs ?

Et ce grattement dans le sol? Il est produit, vous le savez aussi bien que moi, par des ongles qui creusent la terre. Serions-nous dans un cimetière où s'évertuent des enterrés vivants? Le travail se poursuit. Parfois il semble qu'un corps raidi se contracte en un spasme désespéré et lutte contre le poids qui lentement l'écrase...

Mais voici que tous les bruits disparaissent dans un grondement immense, tel qu'il en émane des sols sur le point de trembler. J'écoute, haletant, la vibration formidable.

Qu'arrive-t-il ?

La boue! Effroi! c'est la boue qui bouge et monte des profondeurs du sol... Ah! j'entends s'efforcer de multiples travailleurs. C'est la lutte désespérée que livre contre l'inlassable élément un peuple d'êtres humains. Qu'ils sont petits et faibles, devant les vagues énormes qui roulent en grondant, lentes mais infinies...

Arrêtez, je vous en supplie, le mouvement des masses humides... Sinon, vous savez bien qu'elles anéantiront toute vie...

.   .   .   .

Autre chose encore... Il me semble.

Mais oui, c'est cela... Des battements, je ne puis douter... Ce sont les battements d'innombrables cœurs... Toc! toc! Écoutez! En voici de précipités. Ils disent d'intenses émotions et des angoisses. Et d'autres, qui sonnent dans les poitrines, comme des cloches, un glas d'épouvante... Battements de défaillance et de peur...

Mais soudain, je comprends que ces pulsations de faiblesse ne sont que les troubles passagers de cœurs puissants et tranquilles et je ne saisis plus qu'un mouvement au rythme parfait.

Quel merveilleux régulateur possèdent-ils donc, ces cœurs, fermes et calmes au milieu de tant d'horreur?

Et voici qu'après avoir perçu la voix de la bataille dans son affreuse diversité, il me

semble en entendre une nouvelle, voix douloureuse et grave, prononcer de subtiles
paroles.

Est-ce une hallucination? un rêve? J'entends...

Un idéal, une foi..., le devoir, le sacrifice.
Et point autre la source des vraies joies...

Un tour au paddock, voulez-vous ? J'ai de belles bêtes et de races variées à vous montrer.

. . . .

Voici les « Farman ». Ailes immenses; carlingues énormes, ventrues et luisantes comme des aubergines! Ni très vites ni très nerveux, robustes et sûrs. Ce sont les bêtes des humbles et durs travaux, des labours sans gloire, mais d'où germera la victoire.

Voici les « Caudron », larges aussi d'envergure, mais les ailes fines. Tout en mâts et en cordes; moteurs ronds comme des meules, carlingue exiguë, bonnes bêtes déjà pour le combat, mais délicates et qui flanchent parfois.

Voici les « Sopwith », gracieux et légers, aux larges ailes, au long et fin fuselage. Cambrés et beaux comme des nageurs qui, les jarrets tendus et les bras en croix, s'apprêtent à plonger.

Et voici les aigles : « Nieuport et Spad ». Courts de reins, larges de poitrail ; avants puissants comme des museaux de dogues. Bêtes de race, souples et vites, bêtes des grandes chasses et des luttes à mort.

Regardez-les, rangés paisiblement devant les hangars, le nez au vent. Les Farmans diaphanes semblent des cocottes en papier posées sur un tapis. Les Caudrons, sombres et sales d'huile, ont des faces de hiboux, avec leurs moteurs ronds comme des yeux et leur carlingue en forme de bec. Les Sopwiths, les ailes au ciel, sont de l'élan figé ; les Nieuports, des poings tendus ; les Spads, une attente puissante.

Regardez le scintillement des moteurs au soleil et, sur les toiles vernissées, le resplendissement des cocardes : ne diriez-vous pas des coquelicots et des bleuets, dans l'or blond des blés ?

Regardez-les, immobiles et silencieux, choses sans vie. Qu'un ordre arrive, qu'un ennemi se montre à l'horizon, et dans un ronflement énorme vous les verrez s'animer tout à coup, aller et venir, nerveux, bruyants, puis, un à un, comme des flèches, rayer de clair le brun de la piste et s'élancer en plein ciel.

Et quand ils ne seront plus pour vous que de minuscules brillants, dans l'immense écrin d'azur, vous entendrez peut-être le faible claquement de leurs mitrailleuses.

Deux points noirs dans la nue, qui grossissent, grossissent !

Obus énormes? bombes d'avion? Oh! ce sont des corps humains!... Ce sont de pauvres hommes qui tombent! De quelles hauteurs, grand Dieu? Des masses impuissantes, qu'une force fatale, tout à l'heure, écrasera, aplatira au sol.

Au-dessus, très au-dessus, un Farman à allure étrange, ballotté à tous les vents, comme une feuille morte... Il vire sur lui-même, tantôt très vite, tantôt lentement!... Éclat d'obus, balle de mitrailleuse, commandes rompues, sans doute; il s'est mis sur le dos et s'est vidé de son contenu humain...

Les corps descendent, tournoyant lentement dans l'espace; je distingue les bras

étendus et les jambes... Ils approchent!
Vingt secondes déjà que dure leur chute!

— Les pauvres gas! dit une voix.

Non loin de la route où je me tenais, il
y a une villa dont le parc est clos d'une
forte grille...

Le premier des deux hommes s'est em-
palé sur la grille. Voici le corps transpercé,
loque sanglante. Les plaies sont énormes.
Des ruisseaux pourpres coulent sur les vêtements; des gouttes se suspendent et tombent une à une, dans la grande flaque qui
est à terre, au-dessous...

Voyez les yeux grands ouverts! En eux
quelle expression d'étonnement! Et quoi de
plus explicable! Comment le corps com-
prendrait-il?

Le second est tombé sur le toit de l'habi-
tation. J'ai nettement perçu le bruit sourd
du corps, quand il s'est écrasé comme une
masse. Flouc!... On a retrouvé le cadavre

dans les combles, entièrement rompu,
brisé, informe et sans rigidité, comme un
tas de vase... On en a empli un cercueil...

C'est de la route de Verdun à Étain que
j'ai vu cela, un beau jour. d'automne, en
allant en liaison...

Comme il fait beau ! Pas de brume au ciel, pas un nuage. Une profondeur sans fin d'air transparent et rose ! Oh ! monter dans cette fraîcheur, dans cette pureté ; atteindre au cœur de cette immensité légère. Oh ! le désir de dévoiler enfin la « Beauté » que ces splendeurs dissimulent ; le désir d'étreindre son corps divin ; l'espoir, par cette étreinte, de sentir en mon âme un infini clair et doux.

Je veux monter, monter toujours... Je monte.

Hélas ! A mes yeux ne se déchire nul voile, n'apparaît nulle chair de merveille. Hélas ! devant moi fuit et m'échappe l'âme fraîche du matin. Malheur !

. . . .

Malheur ! Car il en est ainsi, à chaque fois que l'homme tente d'atteindre les formes

charmantes que parfois, confusément, il distingue en son ciel!

Malheur! Car c'est, à chaque fois, l'âme
plus désolée, qu'il perçoit la vanité de ses
efforts.....

Le capitaine m'a confié, pour aujourd'hui, un réglage de pièces de 190 sur la batterie ennemie de coordonnées 62-45.....

Midi. — J'ai déjeuné tôt, car le travail est fixé pour 13 heures, et monter en avion, au sortir de table, peut être fort préjudiciable à la digestion ! Il me faut une demi-heure de vol environ pour prendre ma hauteur, aller aux lignes et reconnaître l'objectif. Je décollerai à 12ʰ 30.

12ʰ 10. — Il est temps d'abandonner mon fauteuil et de songer aux préparatifs.

Mais tout d'abord, un coup de téléphone aux artilleurs pour leur rafraîchir la mémoire. Il ne s'agit nullement de partir avec les meilleures intentions et... de revenir sans avoir pu rien faire, pour recevoir des milliers d'excuses.

— Oh! pardon! Je ne sais vraiment pas comment cela s'est fait, j'avais noté pourtant.

Rafraîchissons! Rafraîchissons!

— Allô! Allô! C'est le groupe Tardieu?... Ici, l'escadrille. L'avion de réglage va partir pour effectuer le travail convenu.

Je raccroche, certain maintenant que les artilleurs seront prêts à mes premiers appels. Et cela n'est pas sans importance! Le temps est, pour tout le monde, chose précieuse, mais il est sans prix pour nous, qui n'avons que quelques heures de travail possible.

Et maintenant, je m'occupe à rassembler le matériel spécial que je vais emporter avec moi : une planchette de contre-plaqué, sur laquelle s'étale un plan directeur soigneusement collé ; une deuxième planchette où sont fixées avec des punaises plusieurs photographies de l'objectif ; un crayon au bout d'une ficelle, pour marquer sur le papier les points d'impact et noter les corrections ; une paire d'excellentes jumelles.

Je mets les planchettes sous le bras, le crayon dans la poche et les jumelles au cou. Et je me dirige, ainsi muni et harnaché, vers les hangars.

Il fait un temps délicieux. Le ciel, tout rose et bleu, a des teintes de jeunes chairs. Le soleil brille doucement d'une clarté légère et met une flamme pâle au brun des bois. C'est une adorable journée d'automne.

— Bonjour, Fauchois, comment allez-vous?

Fauchois est mon pilote d'aujourd'hui. Je l'ai trouvé auprès de son avion, à l'examiner soigneusement. L'essai des moteurs lui a donné entière satisfaction. Les commandes vont. Il est prêt.

— *All right!*

Penchés sur mes cartes, nous causons du travail.

— C'est la batterie 62-45, celle du ravin devant Haumont, que nous allons essayer de détruire! Vous voyez la manœuvre : monter haut pour n'être pas gêné, croiser au-dessus de la Meuse, entre Vacherauville et Verdun.

Fauchois connaît le secteur. C'est un vieux de Verdun, il n'est pas long à comprendre.

Maintenant, aidé par les mécaniciens, je revêts mes habits de vol; je le fais avec le recueillement et le soin d'un officiant qui s'apprête, car les pièces du vêtement sont nombreuses et toutes indispensables.

Un chandail, d'abord, sur ma tunique; et puis une combinaison imperméable, doublée de fourrure, et puis un passe-montagne, et puis des lunettes spéciales, un casque, des gants de papier, des gants de fourrure; aux pieds, des chaussons de papier et des chaussons fourrés.

Ouf! La cérémonie est terminée. Les choses se sont normalement passées, selon le rite coutumier.

J'étouffe sous tant de vêtements. Viennent vite le vent du vol et sa fraîcheur.

Fauchois s'est pareillement accoutré; je l'observe du coin de l'œil. Dieu! quelle tournure. De petites jambes, un buste immense et par-dessus ces rondeurs disgracieuses, un étonnant ensemble, surfaces sphériques, pelées; surfaces poilues, surfaces carrées; pièces métalliques brillantes; plaques de verre, au bout de cylindres bizarres. La tête, sans doute. Il s'avance, énorme, informe, avec la démarche élégante d'un ours qui vient danser! Je ris à la pensée que je suis tel. Quels monstres!

Et maintenant, à l'escalade! Je suis au pied de la carlingue, il s'agit de m'élever jusqu'à elle. Ma tenue n'est pas de sport et ce n'est pas sans peine, je l'avoue simplement, que je parviens à m'acquitter de cette gymnastique indispensable. Un pied sur une roue : elle est glissante d'huile, tant pis; et puis un effort pour placer l'autre sur le rebord et le faire suivre de la masse principale du corps. Je n'ai plus qu'à enjamber et me voici dans mon domaine, étroit et long, comme un avant de canot de course.

Je m'installe dans mon siège et, cela fait, ayant vaincu une difficulté, je jouis d'un instant de plaisir.

Et tout aussitôt, je suis saisi du démon de l'activité ; j'entame la série des multiples besognes, qui ne m'accorderont plus une minute de répit jusqu'au retour.

Je range mes cartes, je vérifie le fonctionnement du manipulateur, celui du rouet de l'antenne, celui des fiches ; j'essaie l'aisance des rotules de mitrailleuses, le jeu des rouleaux de cartouches, dans leurs cases d'aluminium ; j'attache les planchettes et le crayon à des tendeurs, je m'attache ; il est bon, vous le comprenez, de ne rien laisser échapper de la carlingue.

A terre se tiennent, le nez en l'air, l'armurier, le sous-officier sans-filiste, un mécanicien, prêts, chacun dans sa partie, à arranger ou à modifier. Mais rien ne cloche. Ils l'apprennent avec satisfaction.

Ainsi tout est paré... Je me retourne. Fauchois est en place ; derrière son capot de mica, je le vois secouer vigoureusement son « manche à balai », pour vérifier une fois de plus le gauchissement et la profondeur. Les ailes se déforment sous l'effort, les volets du stabilisateur s'agitent.

— En route.

— Contact? demande-t-on au moteur de droite.

— Contact, répond le pilote.

Un mécanicien s'approche; dressé sur la pointe des pieds, il saisit à deux mains la pale gauche de l'hélice. Il la balance un instant pour bien sentir la résistance et équilibrer son effort. Et puis, d'un mouvement souple et large, il la lance vers la droite du revers de la main en s'éloignant vivement. On dirait un joueur basque qui, la chistera en main, rebute la balle.

L'hélice abandonnée hésite, s'arrête. Mais une première explosion des gaz se produit et c'est tout aussitôt le tonnerre du moteur en action.

— Contact! hurle-t-on à gauche.

Et le fracas s'intensifie. L'avion maintenant n'est plus la chose morte qui gisait sur le terrain. L'étincelle de vie a jailli pour lui. Il s'agite et sursaute et tire pour partir. Je sens battre à grands coups son impatience et vibrer son désir des grandes randonnées. Les mécaniciens se suspendent aux ailes, pour les retenir, comme des palefreniers aux mors de chevaux ardents. Il souffle, derrière nous, un vent de tempête.

Le pilote ralentit ses moteurs et lentement, aidés dans la manœuvre par les mécaniciens, nous roulons nous placer pour l'envol. Face au vent : c'est essentiel. Ainsi nous éviterons les poussées latérales de vent, toujours fâcheuses, car elles font virer brusquement l'appareil au sol, mouvement qui entraîne irrémédiablement la rupture du train de roue et le capotage : accident, classé « cheval de bois », assez semblable au dérapage d'une voiture automobile dans un tournant.

Face au vent. Nous voilà placés; la piste est libre. Un coup d'œil en arrière pour nous assurer que nul avion ne s'apprête à atterrir sur notre dos. Un geste large de lâchez-tout...

Les moteurs tournent à pleins gaz, arrachant l'appareil en avant. Nous roulons. C'est l'instant délicat. Un brin d'angoisse au cœur, j'attends.

C'est que, pour tous les appareils, mais plus particulièrement pour les Caudrons, des dangers sérieux sont courus au moment du départ et jusqu'à ce que l'appareil ait atteint une altitude de quelques centaines de mètres ! Qu'un moteur cale, qu'un coup de vent survienne, déséquilibre l'avion, c'est l'accident, et sans espoir d'échapper à l'écrasement parce que le sol est trop près et la chute trop brève.

Mais l'appareil a décollé. Nous montons. Cent mètres, deux cents, cinq cents ! Je déroule l'antenne ! Cent cinquante tours et la voilà à la traîne. Elle dessine dans l'air une courbe régulière. Je ferme à présent les circuits de l'appareil de T. S. F. J'appuie sur le manipulateur, l'étincelle éclate, c'est quelque chose, le courant passe, mais il me faut plus et que mon émission soit excellente ; je vais essayer sa qualité. Tout est prévu pour cet essai. Des sans-filistes, en bas, sont aux écoutes. Si tout va bien, je verrai apparaître un drap blanc devant les hangars !

« Point, trait ; trait, point, point. »

Je manipule un instant. Grâce à Dieu, voilà le panneau qui s'étend sur le sol !

Ainsi, je ne serai pas un isolé, perdu dans l'immensité de l'air. Ma pensée touchera cette terre qui s'éloigne ; et la minuscule forme, errante dans l'azur, mettra en action les lourds canons !

Mille mètres !... Nous décrivons de larges cercles au-dessus du terrain. J'arme les mitrailleuses, je vérifie les hausses. Deux mille mètres ! Nous allons vers les lignes que j'aperçois au loin.

Deux mille cinq cents ! Nous sommes au-dessus des lignes. Je cherche, des yeux, la batterie ennemie. Voici la Meuse, Bras, le ravin de Haumont, le village... Ah ! voici l'objectif. C'est une minuscule tache claire dans un vaste champ jaune. Je l'observe soigneusement à la jumelle. C'est bien cela, deux casemates et, entre elles, des levées de terre.

Pas une minute à perdre; j'appelle mon antenne. Garde à vous, les artilleurs.

« A; d : point, trait; trait, point, point. »

L'antenne entend, car, en un endroit convenu, apparaît le tout petit carré blanc d'un panneau. Des hommes l'étendent, je le sais, mais je ne les vois pas, et la tache claire s'étale d'elle-même, comme une goutte de lait sur un buvard.

Je ressaisis le manipulateur et, en langage convenu, je passe : « A; d. Réglage sur l'objectif 62-45. La batterie est-elle prête? »

Le corps penché en dehors de la carlingue, le visage fouetté de vent, j'observe attentivement les panneaux. Et soudain, à côté du carré, s'allonge un rectangle blanc. Bonne affaire. La batterie est prête.

Vite, plaçons-nous pour bien voir l'objectif. Par une gesticulation appropriée, j'indique à mon pilote la manœuvre à exécuter. Un virage, durant lequel je rentre la tête dans la carlingue, comme un diable la sienne dans sa boîte, pour éviter les gifles du vent. Tout droit maintenant sur l'objectif !

Me voici placé heureusement. Au manipulateur, je commande « feu ».

Les jumelles aux yeux, j'attends les coups, en comptant les secondes.

Une, deux, trois,..... trente et un. Ça va venir... Trente-quatre, trente-cinq,... rien..., trente-sept.

Ah ! voilà des taches sombres sur le champ jaune, si petites, si petites et si étrangement semblables aux buissons et aux arbres. Mais le vent les déforme, elles perdent leur rondeur grasse, elles s'allongent et leur couleur change. Elles s'effacent et disparaissent !

Pas de doute, ce sont mes éclatements.

Je les reporte vivement sur ma photographie, et vivement, demi-tour !

Tandis que nous regagnons les lignes, je manipule rapidement, non sans jeter en arrière de fréquents regards. Il est toujours dangereux de se laisser surprendre, et le Boche rôde sans cesse.

« Cinquante mètres, à droite, deux cents mètres, court »... Mais voici que le pilote secoue insolitement l'appareil. Je me retourne ; il a le bras tendu vers un point du ciel. Je sais ce que cela veut dire : « Un avion en vue. Prière de l'identifier. »

De telles identifications ont leur importance, on l'accordera. Je m'empresse à celle-ci ! Il y a, dans la direction indiquée, une forme noire : deux traits, une tache ronde au milieu, c'est un biplan. Est-ce un ami ? est-ce un ennemi ? Voilà toute la question. J'écarquille les yeux. Distinguerai-je le détail qui résoudra le problème ? L'avion grandit... je ne sais quel il est. Encore quelques secondes et puis, au diable l'identification, j'empoignerai la mitrailleuse. Mais je reconnais, à la courbe des ailes, un Nieuport. Tout va bien. Au pilote, vivement intéressé, je me dépêche de l'apprendre. Comme tout discours est impossible, je simule une amicale poignée de mains. Cette mimique satisfait pleinement Fauchois. A la façon d'un ours neurasthénique, il balance la tête de bas en haut et de haut en bas.

Je reprends ma communication interrompue. Les yeux fixés sur les panneaux, attentif au mouvement des petits bâtons blancs, j'attends. Ils s'agitent soudain, se déplacent et figurent « Compris ». *All right!* Et le réglage se poursuit : salve après salve, les projectiles tombent autour de l'objectif, à chaque fois serré de plus près. Périodiquement reprend, dans le silence des espaces, l'étrange conversation. Quelques étincelles précipitées, l'agitation de rectangles minuscules :

« Tir d'efficacité », signale-t-on d'en bas. J'esquisse un geste de joie. Voilà le travail fort avancé, car le tir d'efficacité n'est autre chose que le but de nos efforts, et un tel tir n'est commencé que lorsque le réglage est terminé. C'est donc déjà presque un succès. Désormais, mon seul travail sera de vérification, car il importe que, pour une cause ou une autre, vent ou température, le tir ne se dérègle pas.

Les taches sombres se multiplient aux alentours de l'objectif. Le vent les efface, elles réapparaissent inlassables. « Souffrez un peu, sous les lourdes marmites, artilleurs allemands, souffrez. Mais surtout, méditez. La souffrance ouvre des horizons nouveaux. Et la vanité de votre rêve orgueilleux et inhumain ne peut manquer de vous apparaître à la sombre lueur de la mort. Devant sa réalité sensible, qui met à vos cœurs une angoisse douloureuse, vous connaîtrez qu'il ne sert à rien, en somme, d'être puissant et dur, mais que l'essentiel, ici-bas, est la simplicité et la bonté d'âme. Souffrez. »

. . . .

Soudain, une tache noire prend forme sur la ligne de la batterie objectif! Elle grandit, elle s'étale. Bravo, les artilleurs! Leurs obus, sans aucun doute, viennent de provoquer l'explosion d'un dépôt de munitions.

Je le leur apprends aussitôt : *ta, tra...* ie manipule joyeusement. Laconiques, ils me répondent : « Compris », et le tir se poursuit.

Soudain, une chute brusque de l'appareil. J'ai la respiration coupée, l'estomac douloureux, je me sens arraché du siège. Que se passe-t-il? Le fracas d'explosions me donne la réponse. Une batterie allemande vient de nous gratifier d'une salve toute proche. C'est le souffle puissant des explosifs qui a provoqué la désagréable chute. Ni le pilote ni moi ne sommes touchés; l'avion paraît indemne.

Nous en sommes quittes avec une seconde d'émotion; le pilote rétablit aisément l'appareil. Je vois, derrière moi, flotter dans l'air d'inoffensifs nuages noirs.

Et le tir de destruction se poursuit. Autour de l'objectif naissent toujours et meurent les minuscules champignons bruns.

Je jette un coup d'œil sur l'altimètre. Quatre mille; nous avons monté sans cesse. Mon Dieu! que la batterie qui tire est proche de son objectif et le champ de bataille petit. Je m'imagine que, penché sur une carte à faible échelle, je règle la marche d'un kriegsspiel minuscule. Comme je suis loin! Comme je suis étranger au grand drame qui se déroule à mes pieds!

Quatre mille deux cents. Encore plus haut. Encore plus loin. Le tir va toujours bien. J'ai quelques minutes de répit. J'en profite pour promener mes regards dans le vaste domaine des airs.

Au-dessus de moi, une profondeur sans fin de bleu léger. Le calme, la pureté. Au-dessous, le disque brun des campagnes verdunoises, avec, en son milieu, la coupure d'argent de la Meuse. Et sur ce disque, parfaitement immobile, un grouillement d'avions nains. Ils tournent, vont et viennent, paraissant glisser au sol avec une rapidité déconcertante et laisser au hasard le soin de guider leurs vives évolutions. On dirait des poissons dans un aquarium. Tout autour d'eux s'épanouit une étrange flore de fleurs blanches et noires (les shrapnells).

. . . .

Mais voici trois heures passées que nous

tenons l'air. Nos réservoirs d'essence se vident et je commence d'être las... Il est temps de rentrer. J'envoie le signal « atterrissage ».

Aussitôt les panneaux bougent et dessinent la figure « compris ». Je suis libre. Atterrissons.

D'un geste, je fais entendre ce qu'il en est à mon pilote ; Fauchois, sans plus attendre, coupe l'allumage et pique droit vers le terrain. Je prends les dispositions pour l'atterrissage. L'antenne d'abord à ramener : je tourne rapidement le rouet. Dieu ! que c'est long ! Mon bras mollit quand enfin le plomb de l'extrémité vient à son logement.

Nous descendons rapidement. Les cordes sifflent. Le vent arrache presque le casque de la tête.

Désarmons les mitrailleuses : ce sont bêtes dangereuses, qu'il est utile de museler pour l'instant délicat de l'atterrissage. Trop souvent la précaution est omise ; un accident survient, les armes se mettent d'elles-mêmes à fonctionner et tuent... Voilà qui est fait, je n'ai plus qu'à attendre les événements. Et comme nulle besogne ne m'absorbe, je ne puis m'empêcher de songer aux dangers qui nous guettent. Scabreuse, la manœuvre d'atterrissage, scabreuse. Gare l'emboutissage au sol, ou la perte de vitesse, ou le capotage. Les incidents possibles sont aussi variés que fâcheux.

Bah ! à la grâce de Dieu !

Tout se passe bien, cette fois. Le pilote redresse à temps, l'appareil se pose sans heurt et roule au sol comme une bonne vieille charrette. Les mécaniciens courent à notre rencontre. Ils aident Fauchois à conduire l'avion au hangar. Voilà qui est fait. Les moteurs s'arrêtent. Une sortie de plus.

Dégart, un camarade de l'escadrille, un ami, est là qui m'attend.

— Ça a marché ? interroge-t-il.

Je lui réponds en me dépouillant de mes fourrures. Et comme, après de méritoires efforts et grâce à l'aide des mécaniciens, j'ai terminé cette opération pénible, nous remontons au cantonnement, en causant.

Je suis tout joyeux, parce que sain et sauf, malgré l'avion, malgré le Boche, et parce que le travail s'est heureusement effectué. Il n'en est certes pas toujours ainsi. A cause de cela, ma joie est plus grande.

Je conte à Dégart les incidents du vol : nous en rions... Arrivé aux tentes, je m'étends dans un fauteuil, car je suis las. Mon corps est fatigué des montées et des descentes rapides et des changements incessants de pression. Mes oreilles sont bourdonnantes et ma tête pleine encore des ronflements des moteurs.

Mais, surtout, je suis las de la tension soutenue de ma volonté et de mes sens... La chose à faire, sans cesse, au mépris de la vie ; la chose à voir, sur le plan si lointain de la terre ou dans l'immensité de l'air.

Je me repose.

Très haut ! Journée d'été.

Quel émerveillement ! De l'or, du soleil,
partout. Mon cœur se gonfle à éclater,
devant ces champs infinis où danse la lumière.

Ils m'appartiennent, ils font âme avec moi.
C'est là, dans ma poitrine, qu'il est des
espaces sans borne, une limpidité, une
clarté d'enchantement.

Je communie avec le monde dans sa
pureté, dans son immensité...

Je connais un instant de joie.

Il pleut aujourd'hui... Inutile de songer à quelque réglage que ce soit. Temps de pluie. Temps de liaison. J'appelle Bertau, le conducteur.

— Bertau, amenez la voiture ; nous allons en liaison. La liaison, c'est la visite aux camarades de travail, aux artilleurs. C'est le départ, casqué, la jumelle et le masque en sautoir. C'est le trajet sur de mauvaises routes, usées par d'interminables convois. C'est la traversée des villages, encombrés de troupes de relève et de fourgons de ravitaillement. C'est, au passage, les dépôts de munitions où les obus se rangent comme des bouteilles en une cave ; les parcs du génie, désordre immense, tas monstrueux de matériaux les plus divers ; les sections de réparation et leurs pauvres affûts mutilés, luisants sous la pluie. C'est Verdun et ses rues détruites, ses maisons ouvertes, comme des plaies ; sa citadelle, bloc gigantesque de pierres de taille et de terre remuée ; sa cathédrale, aux murs égratignés, à la nef trouée. C'est la Meuse, serpentin brillant, déroulé sur les gazons, et les faubourgs de la ville, où se cachent les pièces qui, de leur voix puissante, ébranlent les murs et sur-prennent aux tournants. C'est le gendarme, produit autochtone des carrefours, debout devant sa guérite de béton, comme une statue qui aurait quitté sa niche.

C'est souvent d'immenses cimetières, où nos soldats dorment l'éternel sommeil, rangés comme à la parade, groupés par régiment et par division..., garde d'honneur pour Verdun. Les croix de bois blanc sont comme un court taillis, et de-ci de-là s'élèvent des arbres de haute futaie, les grandes croix communes. La conversation s'arrête, le rire s'éteint. L'on salue et la pensée va, respectueuse, à ceux qui ont donné leur vie. La liaison? c'est parfois les lourds oiseaux d'acier et leur sinistre appel.

Et c'est l'arrivée chez les artilleurs!

— Vous voilà! Mon cher Lafont! Je suis ravi de vous voir. Comment allez-vous?

L'artilleur est généralement homme du monde et son accueil d'une courtoisie parfaite.

La conversation s'engage et demeure bienveillante. Son sujet? le travail des jours derniers, naturellement.

— Vous souvient-il? Hier matin, je vous fis attendre. Il ne faut pas m'en vouloir, car j'eus affaire à un Fokker mal intentionné.

— C'était donc vous! j'ai suivi le combat, soupçonnant, sans en être certain, que vous en étiez... Vous le dirai-je? J'ai eu un instant d'angoisse. Ça tournait mal pour vous. Mais, dites-moi donc, au dernier réglage, pourquoi nous avoir envoyé dès le début : « Tir d'efficacité »?

A côté, c'est un camarade qui écoute les circonstances d'un bombardement sévère.

— Cent marmites de 210, cent...

Ainsi chacun raconte un peu de sa rude vie.

Il est fait aussi souvent un rapide inventaire de nos clients communs, les batteries allemandes, à qui nous livrons si régulièrement de si grandes quantités de munitions !

— Croyez-vous l'emplacement o2-4o occupé ? Oui ?... C'est incroyable, nous avons déjà tiré sur lui trois mille obus !

— Une batterie solidement casematée, sans doute. Il faudrait réclamer pour elle un traitement de faveur..., du très gros calibre.

La conversation va son train. Souvent, la liaison s'achève le verre en main. On trinque à nos victoires de la Somme, à nos succès d'Orient. On trinque à la prise de Metz, dont le siège est depuis longtemps commencé aux avancées de Verdun... On trinque à l'éternelle France : cela, dans un étroit gourbi et dans un entassement prodigieux ou sur le seuil de baraquements, dans les bois que l'automne a teintés merveilleusement.

Et puis, c'est le retour. Il faut rejoindre la voiture, abandonnée à quelque coin de route. Nous dévalons des ravins abrupts, par des sentiers tracés au profond des taillis... La pluie, un instant, fait trêve... L'air est frais. Il fait bon marcher... Parfois, une échappée montre la plaine de Meuse, sur qui s'étendent lentement les voiles bleus du soir.

Je suis triste! Et quelle gaieté pourrait gonfler mon cœur devant une campagne toute grise, écrasée d'un plafond bas de nuages, sales et lourds?

Il pleut. La chute incessante des gouttes me fait invinciblement songer à la fuite des jours. Le temps passe, le temps fuit, régulier et monotone, comme cette eau du ciel! Et nous allons aussi et nous passons! Et chaque jour met à nos visages une ride de plus, à nos cœurs une déception. Oh! de notre jeunesse, de la fleur de corps et d'âme, que faites-vous, impitoyable Temps?

Coulez, sombres nuages! Désolez-vous, campagnes! Dans nos âmes aussi, il pleut sans cesse.

Dégart pénètre dans ma tente : à son

visage, je le devine également oppressé de tristesse.

— Je suis venu te trouver, dit-il, parce-que, à demeurer seul, je sombrais dans le désespoir. Mon âme est étouffée par le ciel de plomb qui touche la cime des arbres! Entre la terre et lui je me sens à l'étroit, je manque d'espace, je manque d'air.

— Nous ne craignons rien, hors que le ciel ne tombe...

— Ah! laisse-moi tranquille avec tes réminiscences. Ce ne sont pas elles qui dissiperont l'angoisse de mon cœur...

— Et dire, vieil ami, qu'il est des régions bénies où le clair soleil, à cette heure, illumine des campagnes en joie.

— Et qu'il est là des maisons d'or vieux, aux toits couleur de sang.

— Et des champs d'ocre, des prés d'émeraude, des bruyères en fleurs, des gaves d'argent, des montagnes de cristal. Et de la lumière et de la beauté!

— Dire qu'il se pourrait que tu fusses là, à goûter ces splendeurs, avec, auprès de toi, quelque belle fille, ronde et douce comme un raisin mûr !

— Et dire que je suis dans une tente humide... avec toi, vieux hibou !...

— C'est dur parfois, la guerre !

Nous nous taisons et nous goûtons, la tête basse, une amertume infinie.

Les Boches ont attaqué. Le canon gronde sans arrêt. Les Boches ont avancé et notre infanterie contre-attaqué. Qu'est-il advenu de tout cela? On n'en sait rien, sinon que la situation est stationnaire. Après de sanglants flux et reflux, la ligne maintenant s'est stabilisée. Quelle est-elle? Il importe de le savoir au plus tôt.

Le terrain est couvert d'une nappe serrée de projectiles, les liaisons téléphoniques sont rompues. Patrouilles et coureurs circulent difficilement! Il ne faut pas compter sur des renseignements à venir des troupes engagées!

Mais l'artillerie est dans le vague et ses feux sont inefficaces. Il est de toute urgence de l'éclairer, faute de quoi l'ennemi organisera sans perte le terrain conquis et placera ses troupes pour un nouvel assaut.

Aux observateurs en avion seuls, il est
possible de débrouiller rapidement une situation pareille.

Plusieurs appareils partent du terrain; je
pars dans l'un d'eux. Tandis que nous allons
vers les lignes, je me demande ce qu'il
s'agit, au juste, de faire.

Repérer les Boches dans leurs trous? évidemment. Mais ils sont tapis; mais ils ne
remueront ni pied ni patte, à mon passage.
Mais leurs uniformes sont gris et boueux!
Véritables mottes de terre, les Allemands se
fondront dans le brun du sol.

Il faut, pourtant!

D'ailleurs, si je parviens à m'assurer de
leur présence en certains points heureusement choisis, n'en pourrai-je pas déduire
l'ensemble de la ligne? Oui, sans doute; je
vais essayer. La besogne est difficile, le travail minutieux et long. Tant mieux, après
tout, j'aurai d'autant plus de plaisir à réussir.

. . . .

Nous voici au-dessus des lignes. Nous
volons à six cents mètres.

Pour commencer, je jette un coup d'œil d'ensemble. Voici Thiaumont, voici Souville. Bon! Entre les deux, la crête à étudier. Parfait! Tiens, les Boches ne la marmitent pas. Guère mieux renseignés que nous, sans doute.

En revanche, ils nous canonnent à cœur joie. Avec du 105! Inclinez-vous, c'est honorable! Et de tout près! C'est scabreux! Brrr! Nous circulons entre les fumées noires, comme un canot au milieu des récifs. Gare la rencontre!

Si je prêtais attention à cela, ce serait pénible, sans conteste. Heureusement, j'ai autre chose à faire, un problème à résoudre et qui me passionne. Vienne la mort, pourvu que je trouve.

Mais mon pilote est entièrement sans distraction; je le regarde du coin de l'œil. Il est impassible, à ses commandes. Brave pilote, va.

. . . .

Nous croisons. Souville, Froideterre; Froideterre, Souville. J'observe à la jumelle. Les forts, tout bouleversés qu'ils sont, présentent encore des ombres géométriques. Le village de Fleury est une tache blanche, un labour engraissé de chaux. La crête ailleurs est uniformément brun-noir. Des boyaux, des tranchées partout. Mais je ne distingue aucun être humain. Le terrain me paraît absolument vide. Fouillons encore.

Tiens! ce filet' bleuté qui sinue avec ce boyau : teinte ſlégère; on dirait sur la Meuse un brouillard du soir. Que peut être cela? Des fantassins français, parbleu! ce sont des fantassins français. Et là, encore du bleu, et là, du bleu partout, en tache ronde, goutte échappée, en ligne errante, comme tracée d'un pinceau nonchalant; près d'une haie, en des trous épars, en lisière d'un bois. Ah! mais voilà la ligne amie; je la tiens, bravo, moi!

Vlan! vlan! vlan! vlan!... Une salve bien régulière de gros noirs, tout autour de l'appareil! Nous sommes un instant brimbalés. Puis l'avion reprend son vol tranquille. Tirez, tirez, Boches rageurs! vous n'empêcherez pas ma besogne d'avancer.

Je tiens une ligne française..... Est-il certain qu'elle soit la première? Non, les troupes que j'ai aperçues sont peut-être des réserves.

A vrai dire, il y a peu de chance. Mais il me faut une certitude, et la certitude, je ne l'aurai que s'il m'est possible de distinguer au voisinage de la ligne amie un parti allemand.

Je me reprends à fouiller le terrain : sans succès d'abord, mais enfin mon regard s'arrête sur une tache sombre, d'un brun suspect. Seraient-ce des Allemands? Si oui, c'est une affaire. Car en premier lieu, le problème est résolu, en second j'ai découvert un objectif magnifique. Il est fort important, l'essaim ennemi : une section, au moins.

Sont-ce des Boches? Je le crois, je n'en suis pas sûr. Il faut descendre. J'explique à mon pilote ce qu'il en est et quelle manœuvre il faut exécuter : piquer droit sur la tache brune, jusqu'à ce que, pour moi, conviction s'ensuive.

Nous piquons! Cinq cents mètres, quatre

cents. Gare aux mitrailleuses! Trois cents. Tac, tac, tac... : voici la danse. La respiration coupée par le vent, j'écarquille les yeux! Livreras-tu ton secret, tache mystérieuse, ou nous faudra-t-il nous écraser sur toi et mourir en voyant? Deux cents. Les balles claquent dru! Nous allons nous faire abattre. Tant pis! je veux savoir. Cent cinquante. Demi-tour, à toute vitesse : je sais.

Quelques secondes, et le crépitement des mitrailleuses cesse! Quelle délivrance! Je promène mes regards de tous côtés. Comme l'air est limpide, la nature belle!

Les lignes déjà sont loin. Nous passons les crêtes de Belleville, si bas que je distingue parfaitement les artilleurs des batteries. Le nez en l'air, ils nous regardent aller. Hein! les amis, ça vous étonne, un avion si grand? Parce que je suis content, je leur fais des gestes d'amitié. Ils répondent copieusement.

Tandis que nous allons vers le poste de commandement de l'artillerie, je me hâte de rédiger un compte rendu succinct de ma reconnaissance que je vais lâcher en passant.

Voici le poste. Attention ! Un, deux, trois : je lance mon message ; la banderole blanche et rouge se déroule et descend, en se tordant au vent comme une flamme.

Maintenant, ma mission est remplie, mon travail terminé. Regagnons paisiblement le terrain...

Les fantassins ennemis, qui m'avaient vu piquer sur eux, se doutaient bien sans doute qu'il allait leur arriver quelque histoire fâcheuse.

Il leur arriva une dégelée fournie de 155, un véritable « pilonnage », et tout autour d'eux une volée bruissante et piaillante de shrapnells, colonnes à lourdes volutes noires, nuages blancs et légers, qui s'en allaient au vent et renaissaient sans cesse.

Terrifiés, l'on m'apprit plus tard qu'ils lâchèrent pied et s'enfuirent, sous la correction sévère des fusants.

. . . .

Le travail que tu m'as vu exécuter au-

jourd’hui, ami lecteur, est pour nous le plus
passionnant de tous. Un texte à interpréter;
un gribouillage à mettre au clair; mille détails à observer et, d’un fouillis d’indices, la
vérité, la certitude à dégager : œuvre d’in-
géniosité, d’intelligence.

Je n’aime pourtant pas être chargé d’un
tel travail, car les responsabilités qu’il entraîne sont immenses et lourdes à porter.
Une bizarrerie d’éclairage, un brouillard
traînant, et c’est l’erreur; et ce sont les obus
français écrasant l’infanterie française; c’est
aussi le dispositif de bataille conçu fausse-
ment : tout compromis, peut-être!

Lecteur, songe à l’angoisse des observateurs qui partent avec de telles missions.

Une saucisse boche vient d'être incendiée.

. . . .

La nouvelle de l'exploit me rappelle le séjour que fit au terrain, il y a quelques mois, un lieutenant de vaisseau. Un grand diable de marin, sec et long comme un mât; un marin au visage hâlé, aux yeux clairs comme une mer lointaine, au profil crochu, tel vraiment celui d'un oiseau de proie.

Son vêtement était large et flottant, toujours à la traîne, toujours en retard sur l'ardente activité de son porteur. Il semblait qu'on le voyait dans un coup de vent perpétuel.

Je l'aperçus pour la première fois, de l'entrée de ma tente, un matin de printemps; il faisait sur la crête de larges gestes.

Intrigué, je m'informai. J'appris qui il était et la raison de sa présence. Le commandement projetait une attaque et désirait ce jour-là, au moyen de fusées spéciales, faire incendier les ballons d'observation allemands et, du coup, aveugler l'artillerie ennemie.

Le marin était là, pour surveiller l'installation du dispositif sur les avions de chasse, convaincre et instruire les pilotes. Besogne ingrate, à laquelle je le vis s'atteler avec un magnifique courage...

Une saucisse ennemie était représentée à terre par un drap blanc. Le Nieuport d'attaque s'élevait, virait et piquait droit sur la cible. L'on entendait siffler les cordes... Soudain des feux s'allumaient à chacun des mâts, huit fusées partaient avec un bruissement puissant.

L'avion redressait et s'éloignait, tandis qu'à terre, tout autour de la cible, des fumées blanches montaient au-dessus du gazon.

Aussitôt le marin s'élançait pour juger du tir; je voyais son pas nerveux et immense, ses longues jambes qui se mouvaient comme un compas démesuré.

Le pilote revenu à terre le rejoignait et tous deux discutaient ; souvent, il fallait recommencer.

Inlassablement, le marin allait des avions à la cible, de la cible aux avions. C'est qu'il avait à cœur de réussir et de voir au matin de l'attaque les ballons flamber comme de gigantesques torches. Avec ce sens des difficultés d'exécution, avec ce soin dans la prévision minutieuse, avec ce goût du travail fini, qui caractérisent nos marins, il s'efforçait afin que rien ne clochât, comme rien ne clochera sur nos vaisseaux, quand viendront pour eux les grandes heures de la bataille.

.   .   .   .

Il me souvient.

C'est un clair matin de printemps. Les Nieuports sont rangés en bataille sur deux lignes, face au vent. La première est celle des avions incendiaires, la deuxième, celle des appareils de protection.

Le marin est là, bien entendu. Lui-même il a vérifié la mise en place des fusées. Maintenant il fait les recommandations dernières; je vois ses bras tourner dans l'air, comme les pales d'une roue de bateau à vapeur.

Tout est à point. Les moteurs ronflent, et le marin, starter de ces puissants coursiers, donne le signal du départ.

Un à un les avions s'envolent d'un vigoureux élan. L'escadre, maintenant, tout entière a pris l'air. Les grands oiseaux tournoient, emplissant de mouvement et de bruit le tranquille matin; on dirait un vol de pigeons au sortir des cages.

Ils tournoient et puis, tous ensemble, ils piquent vers les lignes; j'aperçois, en tête, un avion d'argent; il brille au soleil levant : c'est celui du commandant D. P... qui tient à conduire lui-même son escadrille au combat.

Les ronflements s'éteignent. Bonne chance, les chasseurs!

. . . .

— Les voilà! Les voilà! crie-t-on à mes côtés.

De petits points noirs apparaissent en

effet dans l'azur lointain. Un bourdonnement faible mais immense monte de l'horizon et s'étend sur nous comme une voûte sonore.

Un, deux, trois... Il en sort de tous les coins de lumière, de ces insectes minuscules. Ils approchent : ce sont bien eux.

Le marin, le regard au loin, les attend. J'imagine en son cœur un brin d'anxiété. Mais il est planté sur la crête, impassible, comme un phare sur une côte.

Ils approchent.

Et voici que l'un des oiseaux, comme grisé de joie, entame une effarante danse! Looping, renversement, glissade, rien n'y manque. A cette vue, les nerfs se détendent, la joie éclate parmi nous. Car personne ne doute que ce soit là une manifestation de contentement et que le succès ait couronné l'effort.

Un à un, les oiseaux se posent. Aussitôt arrêtés, le marin surgit à leurs côtés. On le voit largement sourire... Bientôt les résultats circulent. Huit saucisses sur dix ont flambé. C'est magnifique, et tout à l'heure la tâche de l'infanterie sera moins dure.

Mais les combats furent sévères. Deux avions sont restés là-bas : rançon douloureuse du succès.

. . . .

Et le marin s'en alla. Le soir même, il avait disparu. Où? je ne sais... Là sans doute où il est une œuvre utile à accomplir, un service à rendre à la patrie.

Mais je verrai toujours cette originale figure toute d'intelligence et de volonté.

. . . .

Une saucisse boche vient d'être incendiée.

Et c'est un exploit d'accomplissement plus difficile encore aujourd'hui. Alors la surprise aida l'assaillant. Maintenant, l'ennemi a pris des dispositions spéciales pour préserver autant qu'il est possible ses précieuses saucisses d'observation.

De puissants treuils permettent de descendre rapidement les ballons, et tout autour d'eux attendent, la gueule en l'air, canons et mitrailleuses.

Mais nos chasseurs se rient des dangers.

Et les saucisses flambent toujours.

En avion. Quatre mille mètres.

Je suis bien. Mon cœur est apaisé, la
sérénité berce mon âme.

Comme en suspens, en une eau fraîche et
légère, je baigne dans une calme immensité.

Mon cerveau peu à peu s'engourdit.

Je suis sans pensée, sans désir, une plante
enivrée de la richesse et de la force de sa
vie.

A la lisière du petit bois, je me repose en un fauteuil rustique. Il fait chaud, mais l'ombre est fraîche. Le mouvement des avions sur la piste, leur agitation, leur envol m'aident à goûter, comme elle le mérite, la douceur de ces instants pour moi tranquilles.

Je suis d'un œil paresseux les larges évolutions des grands oiseaux qui s'éloignent et se perdent dans les profondeurs bleues.

Dégart s'approche et s'installe sur le gazon à mes côtés.

— Que penses-tu du capitaine, me demande-t-il?

— Je ne sais qu'en penser. Le capitaine est avec nous depuis trop peu de temps, pour que j'aie sur lui une opinion arrêtée... Il paraît froid et distant, guère aimable. Mais les apparences trompent. Sommes-nous pour lui autre chose que des étrangers?

Non, n'est-ce pas. Plus tard, quand de longs mois de guerre vécus ensemble auront fait entre nous naître l'amitié, tout changera sans doute...

— Oui, mais ne trouves-tu pas en cet homme quelque étrangeté? Ses yeux, as-tu remarqué ses yeux ?... d'un bleu douloureux et d'expression inquiète. Et sa façon d'être? Gai parfois, brusquement sérieux, généralement triste !

— Étrange, en effet !... Quelque intime souffrance, j'imagine...

Et nous causons d'autre chose.

— Allô! C'est un officier de l'escadrille C...?

— Oui, j'écoute.

— Communication aux escadrilles : Regret-aviation signale un Caudron en flammes au-dessus de Moulainville.

Un Caudron en flammes : pas drôle pour les passagers. Je raccroche le récepteur, soucieux, car je viens de songer qu'un de mes camarades, Senain, est en l'air. Il a pris l'envol, il y a une heure environ.

Pourvu qu'il ne lui soit rien arrivé de fâcheux! Bah! Il n'est pas qu'un Caudron à survoler les lignes. Je veux espérer que ce n'est pas le sien qui a rencontré le malheur.

N'importe! Essayons d'avoir de ses nouvelles. Au téléphone, j'attaque la batterie qui travaillait avec lui...

— Allô! C'est la batterie S ɪ15? Oui...
Votre réglage marche-t-il?... Non... Vous ne
recevez plus de signaux depuis vingt minutes? Diable!... Savez-vous qu'un Caudron
vient d'être descendu?... Oui, je crains, je
crains beaucoup... Je vous remercie.

... Ainsi Senain ne parle plus...

Le doute est-il permis maintenant ?...
Guère plus. Pauvre Senain. Mais après tout,
sait-on jamais? L'appareil d'émission peut
avoir cessé brusquement de fonctionner, et
cela expliquerait le silence de mon camarade. Peut-être s'apprête-t-il à atterrir,
et, dans quelques minutes, vais-je le voir
apparaître, vif et gai, plein d'entrain et
de vie?

Attendons.

L'âme anxieuse, je me promène de long
en large. Je rencontre Dégart. C'est un sou-
lagement pour moi de lui faire part de la
nouvelle. Il m'écoute sans souffler mot!
Mais les traits de son visage expriment son
angoisse. La tête basse, silencieux, nous
arpentons le terrain.

Souvent nos regards interrogent l'horizon. Vastes champs, mystérieux comme une eau profonde, nous rendrez-vous nos compagnons?

Voici un appareil : c'est un Caudron. Nous ne le quittons pas des yeux; serait-ce lui? Dans un virage, il nous montre ses couleurs. Hélas! ce n'est pas lui.

Notre triste promenade recommence. Quelle heure est-il? 10 heures. Senain a pris l'air à 7... Déjà trois heures. Notre impossible espoir se meurt de minute en minute. Les mécaniciens interrogés affirment que l'avion n'a pas emporté pour plus de trois heures d'essence.

10^h 30. J'entends la voix de Dégart prononcer gravement : Senain et son pilote sont morts.

Sans un mot de plus, nous nous en retournons aux tentes, l'âme douloureuse... Sans un mot! Et que dire devant la mort, devant l'incompréhensible horreur?

. . . .

Il faut avoir des renseignements, il faut

savoir où sont tombés nos camarades. C'est pour nous un devoir sacré de rendre à leurs dépouilles les honneurs suprêmes. Nous n'y manquerons pas.

Au téléphone, j'apprends qu'un chef de bataillon sait l'endroit de la chute. En route ! Dégart et moi partons trouver le commandant.

Triste parcours, triste liaison.

Les corps sont tout près des premières lignes. Il est impossible de les relever de jour. Nous organisons pour le soir la funèbre corvée. Une ambulance veut bien nous prêter une voiture et des brancardiers. Aucune difficulté, par conséquent.

Attendons la nuit.

Le chef de bataillon a vu le combat. A la porte de son gourbi, sous une futaie où pleure le vent, il nous dit ce qu'il sait.

Un crépitement de mitrailleuses aériennes a attiré son attention. Il a cherché des yeux, trouvé bien vite les avions en combat. Le Boche s'éloignait déjà, le Caudron semblait indemne. Il regagnait nos lignes.

Quelques balles échangées sans résultat, a pensé le commandant. Mais à la jumelle il distinguait un point brillant dans la carlingue, une fumée légère.

— L'appareil brûle, a crié quelqu'un.

L'appareil volait toujours. Soudain à son centre s'est formé un nuage noir et l'appareil s'est trouvé rompu. L'âme horrifiée, le commandant a vu la carlingue tomber droit, les ailes descendre lentement, et se détacher sur le ciel lumineux deux minuscules formes noires, pantins tournoyants.

— Tragique spectacle, ajoutait le chef de bataillon, tandis qu'un frisson secouait ses robustes épaules.

. . . .

La nuit est venue; armés de lampes de poche, nous sommes, dans les taillis, à la recherche des corps. Leur affreuse odeur nous guide...

Voici l'un d'eux ! — Je m'approche, c'est Senain... Il a reçu trois balles dans la tête, qui a éclaté comme un fruit mûr; la cervelle et le sang dégouttent sur le visage et le vêtement. Le casque bouge sur le crâne brisé.

Et voici le pilote, la face brûlée, noire! Tous deux sont horriblement broyés; les brancardiers qui les relèvent n'ont entre leurs mains qu'une bouillie sanglante.

Dans le sol est imprimée la forme des deux corps; dans le sol qu'ils aimaient et défendaient ardemment, ils se sont eux-mêmes enterrés à demi. Et nous violons des sépultures. Une terreur sacrée s'empare de nos âmes.

Dégart, qui ce matin encore philosophait gaîment avec Senain, fait tout haut la remarque :

— C'est peu de chose, la vie...

Et le funèbre cortège se met en marche. La nuit est sombre, nous butons à chaque pas; de temps en temps, des obus éclairent d'une lueur blanche les squelettes d'arbres brisés. Le canon sonne, à grands coups, un glas puissant.

J'ai l'âme transie d'horreur! Le souvenir des chairs broyées, de la bouillie sanglante m'obsède. Je sens la réalité terrible de la mort et sa laideur. Ma chair frissonne; mon âme connaît un mouvement de révolte. C'est trop dur, vraiment... Pourquoi la souffrance, pourquoi la mort?

Un ricanement d'obus me répond seul dans la nuit.

. . . .

Les corps sont mis en bière et déposés en une chapelle ardente, à Vadelaincourt. Les funérailles auront lieu demain. Et jusqu'alors, auprès des cercueils, une garde d'honneur permanente sera montée.

Je prends le tour dans la soirée.

Quelle émotion m'étreint lorsque je pénètre dans la petite chapelle où reposent nos camarades. Ils sont là, dans leurs longs cercueils, couverts de mornes couronnes, entourés de tristes cierges! Fleurs vulgaires, blanches ou noires ou mauves, sombres draperies, flammes jaunâtres. La croix aussi est là et le drapeau. Mais ma disposition d'âme est telle que je ne vois dans la chapelle que l'infiniment triste, l'infiniment navrant.

J'imagine les choses sans nom que sont désormais mes camarades. Au souvenir de ce qu'ils ont été, hommes beaux et ardents, à la pensée de ce qu'ils sont, je sens à nouveau sourdre en mon cœur et tumultueusement l'emplir l'effroi et la révolte.

Souffrir, mourir, pourquoi?

Agenouillé dans la chapelle, auprès des cercueils, je sens sombrer mon âme en un abîme de désespoir...

Une infirmière, blanc fantôme, entre et s'agenouille. Sa venue dissipe le vertige de douleur qui m'emportait.

La tête inclinée sous le béguin lilial, les mains jointes, elle prie en un recueillement profond. Je vois son visage grave, mais sur lequel nul signe de malaise ou d'intime révolte n'apparaît.

Ce visage, pourtant, s'est bien des fois penché sur la douleur et la mort. Une pareille sérénité devant la totale catastrophe m'étonne.

Quoi! Pour elle donc, l'horrible pensée est supportable?... Mais, après tout, pourquoi haïr la mort. Si elle est une affreuse chose, n'est-ce pas elle qui donne un prix immense à certaines conceptions que nous plaçons au-dessus d'elle?

Pour ceux qui croient en la patrie, la pensée que, pour elle, ils acceptent de donner leur vie, n'est-elle pas leur fierté, leur bonheur? Elle les grandit à leurs propres yeux.

L'homme bien né a besoin pour vivre de s'estimer un peu. S'estimerait-il, s'il n'avait la mort à mépriser?... Une orgueilleuse satisfaction, est-ce bien tout ce qu'il faut attendre d'une si dure épreuve?...

La femme agenouillée prie toujours. Son visage, dont pas un trait ne se crispe, me dit la foi, la paix de l'âme.

Et vraiment, est-il une paix de l'âme sans la croyance en un autre monde, en un monde meilleur, où le mérite fleurit merveilleusement, où il donne d'étonnants fruits de bonheur? Est-il, sans elle, une réponse acceptable à l'angoissant pourquoi de la souffrance et de la mort?...

Sais-je?... Heureux ceux qui ont la foi... mais mon âme inquiète, douloureuse, est dans le doute et les ténèbres...

... Je veux prier.

. . . .

La cérémonie fut simple comme la mort de nos soldats. Une messe sans apparat, sans musique. Y assistaient de nombreux officiers d'escadrilles voisines. Leur présence était un hommage à la valeur de ceux qui tombèrent.

Le char funèbre fut une voiture de corvée, le cimetière un champ au versant d'une colline. Quand les cercueils furent déposés sur la terre fraîchement creusée, Dégart prit la parole.

Il ne voulait pas laisser se fermer les tombes sans témoigner de son admiration pour ses héroïques camarades, sans adresser à leurs dépouilles un dernier adieu.

De sa voix grave, dans le silence recueilli de la campagne, il dit leur vertu, il dit leur mort. Il parlait du haut de la crête, et son geste s'élargissait dans l'azur d'un ciel serein. Au-dessous, foule noblement émue, nous écoutions les paroles d'exaltation et d'adieu.

Et Dégart se tut, et chacun fit après lui, sur les cercueils, le signe de la rédemption...

— Lafont! Venez-vous avec moi? Il me faut essayer un avion. Je compte monter aussi haut que possible...

C'est un pilote de l'escadrille qui m'invite à une sortie pour le plaisir. Il fait un temps superbe. Le ciel est sans nuage.

Sans hésiter, j'accepte, car j'aime ces randonnées, quand aucune besogne ne m'astreint et que toute liberté m'est offerte pour contempler et sentir.

Vivement, une combinaison, des gants, un casque. L'appareil est prêt; j'enjambe la carlingue. En route! Et c'est, une fois de plus, le même rite d'une même cérémonie... Tonnerre de moteurs, cahots, arrachement, envol.

Nous montons.

Et voici que le divertissement commence. Penché sur le rebord de la carlingue, comme sur le parapet d'un pont, je regarde couler et fuir le sol. Le spectacle est d'un vif intérêt.

C'est que le vieux plancher vient de prendre un aspect tout différent de ce qu'il paraît d'habitude. Il me présente une figure vraiment nouvelle, qui m'étonne et m'amuse. Un monde étrange s'offre à ma vue. Il a, vous le comprenez, bien des ressemblances avec celui qui me vit naître et, très vite, sous les formes inaccoutumées, je reconnais les choses anciennes... Tout de même, ce monde a face bien curieuse...

Les hommes y sont des chapeaux, des képis ou des crânes ; les bêtes, des échines ; les maisons, des toitures ; les arbres, des taches rondes !... Le tout ne présente aucun relief. Tout est écrasé, aplati ; je n'ai plus sous les yeux qu'un tapis, à dessin bigarré, sur lequel glissent des espèces d'êtres et de choses, infiniment minces...

Nous montons !

L'échelle de la carte terrestre diminue. Les détails s'effacent, les couleurs se ternissent. La vue s'étend. Le paysage s'arrondit. Un instant, je contemple le disque parfait de la terre, que cerne un anneau sombre de brume...

Voilà un spectacle bien nouveau offert à ma curiosité !...

Mais bien autre chose que sa nouveauté m'intéresse et m'émeut. De quoi cet « autre chose » est-il fait ?

Devant un vaste paysage, où la terre apparaît transformée, aménagée pour les commodités de la vie, je pose la question : Qui donc fit surgir du chaos un tel superbe ensemble ?... Un sentiment intense se forme en moi de la puissance humaine, et je suis bien tenté de m'enorgueillir soudain !

Tout aussitôt, car l'âme est mobile, d'autres pensées m'occupent. Dans le cercle qui est à mes pieds, combien d'hommes s'agitent, s'efforcent ? Combien d'intérêts, combien de passions s'affrontent, combien d'énergies s'épuisent ? Et dans quelle lutte ?... celle pour la vie, celle qui finit dans une fosse et par la pourriture...

Dieu merci, j'aperçois au loin la zone pelée du champ de bataille. Elle me rappelle que, pour bien des hommes, le mobile de toute action n'est pas un vil intérêt... Mais qu'ils sont peu, ceux-là, en regard des masses qui tournent sans espoir, attelées à une tâche stérile, comme des bêtes de somme, la tête basse. Quelle lâcheté d'accepter sans révolte une telle condition! C'est la lâcheté d'une innombrable foule...

Je songe à cela, et mon âme goûte l'amère volupté de mesurer la bassesse de l'homme et de la mépriser.

Nous montons!

Peu à peu, mon regard de lui-même se détache de la terre et s'enfonce dans les profondeurs illimitées du ciel; mon âme oublie sa douleur et son dégoût; une immense joie l'emplit.

Quelle émotion a fait s'épanouir cette fleur de délice? Quelle région du cœur l'a vu naître?

Comme la grande inquiétude ou l'ineffable paix, elle vient de ce fond mystérieux où se

forment les vastes aspirations et les hauts désirs, de ce résidu d'âme divine, que chacun de nous a hérité des temps révolus!
— A la contemplation du paysage céleste, immense et paisible, une sensation aiguë d'infini, d'éternité pénètre mon âme. Un instant, elle a le sentiment d'une grandeur, d'une durée d'elle-même, en résonance parfaite avec le fond dormant de ses plus chères aspirations. Un instant, elle goûte l'ineffable joie de sentir assouvis ses désirs les plus ardents!

. . . .

Le pilote me fait un signe. L'appareil se dresse soudain, glisse et tombe. Nous descendons avec une folle rapidité. Un vent violent me frappe au visage. J'ai la respiration coupée... Nous virons! Je connais le balancement habituel de la terre et les positions extravagantes qu'elle prend dans l'espace. Et le chavirement général du sol, du ciel, de l'appareil et de mon estomac.

Mon Dieu! Que je suis mal à mon aise.

Vlan! vlan! Des claques d'air à droite et puis à gauche.

Ah! l'infini! l'éternel! je ne sens plus que mon pauvre corps bien douloureux.

Nous voilà en vol normal. Quelques instants encore, et nous roulons au sol.

Je songe qu'un plancher, bas et borné mais sûr, est une chose d'un bien grand prix...

— Nous avons plafonné à quatre mille huit cents..., dit le pilote à mes côtés.

La voiture gravit péniblement la côte qui mène du village au fort de Belrupt. Elle s'arrête avant d'en avoir atteint le point culminant. Je mets pied à terre. Quelques pas, et me voici sur la crête. Un vaste panorama s'offre à ma vue. Je m'arrête et, saisi d'un pieux respect, je contemple de tous mes yeux Verdun et son amphithéâtre de collines.

La ville présente à mes regards ses pauvres quartiers démolis et brûlés, tas informe de pierres grises, avec, de-ci de-là, surgissant, des pans de murs noircis par les flammes! Terne amas, sur lequel la cathédrale, toujours debout, étend l'ombre de ses tours, comme un mausolée sur les pierres de tombeaux...

Et tout autour de la ville, l'anneau d'or vieux des feuillages, car les glacis sont plantés d'arbres.

Et les faubourgs, ruines éparses dans les jardins et les vergers mutilés. Des maisons tiennent encore. Elles ont de pauvres faces trouées.

Et la campagne immense. Voici les côtes de Belleville, de Marre, de Dugny, collines glabres et rondes, comme des torses de géants, couchées là pour que l'Allemand ne passe pas. Les noirs éclatements les tourmentent et, sur elles, cheminent d'étranges processions de fantômes gris. De sinueux traits blancs les balafrent ; elles portent les polygones lourds des forts.

Et voici la plaine, joncs et roseaux, gazon vert, sur lequel, paresseuse et lente, glisse comme un serpent la Meuse.

Après avoir erré dans l'immensité des champs jaunes, mon regard de lui-même retourne à la ville et ne s'en détache plus.

O Verdun, sur ta désolation je verse des pleurs...

Mais la pensée des souffrances, des morts, qui se multiplièrent sur tes coteaux pour te préserver du barbare ; la pensée des sacrifices innombrables, acceptés pour ta virginité, ta gloire; celle de l'héroïsme, qui fleurit en tes campagnes, font que mes yeux ne voient plus tes pauvres ruines, mais mon âme ta beauté, ta grandeur.

> O Verdun, cité des vertus,
> O Verdun, cœur de la France !...

. . . .

Le jour baisse... Les brouillards s'étendent sur la plaine. Les fonds disparaissent; je vois une immense vasque de bleu léger, avec, en son milieu, le jaillissement des tours de la cathédrale...

Pourquoi, ce jour-là, montai-je en Farman? Les Farmans, c'est-à-dire les « cages à poules », c'est-à-dire des guimbardes lourdes et fragiles, qui se défendent mal. Elles n'offrent pas de champ de tir vers l'arrière et les pilotes n'osent guère « remuer » ces mauvais outils, par crainte de les casser!... Vrais gibiers de l'air.

O vous, qui entendant qu'un Boelke parvint à descendre quarante avions français, vous demandez, le cœur anxieux, si nos chasseurs sont moins braves ou moins adroits, pensez aux « cages à poules » et dites-vous que nos ennemis n'en ont pas (¹)!

---

(1) Je dois dire que les Allemands ont mis à l'essai sur le front quelques appareils semblables aux Farmans. Mais ils ne les ont sortis qu'en petite quantité et dans des secteurs où ces avions, ayant peu à faire, n'approchent que de loin des lignes. (*Note de l'auteur.*)

Or, ce jour-là, je partis aux lignes en Farman. Le temps était merveilleusement beau, le ciel vers l'est éblouissant de lumière ; je me sentais tout joyeux.

A peine les lignes franchies vers Vaux, je distingue au-dessus de moi, sur la toile du ciel, deux traits noirs..., si petits, si petits ; je savais bien ce qu'ils étaient, monoplans piquant sur moi, Fokkers s'apprêtant à m'attaquer.

Le temps à peine de prévenir mon pilote, et les voici déjà à distance de tir... Ils se mettent aussitôt à virer en manœuvrant. Et le but de leur manœuvre est clair : se placer derrière moi et se garer ainsi de mes feux, par la masse interposée de mon appareil... Ils pourront alors tout à leur aise cribler une cible inoffensive, cible du reste facile à atteindre, puisqu'elle se présentera comme un perdreau droit, pour le chasseur.

C'est ce qu'il nous faut empêcher à tout prix ! Le pilote s'y emploie de son mieux ; virant à droite, virant à gauche, il s'efforce de faire face aux Fokkers ; j'ai la mitrailleuse

en mains, j'attends l'occasion de m'en servir... Et soudain passe devant moi l'un des
grands oiseaux de proie; je vois distincte-
ment le pilote; son buste émerge presque en
entier du fuselage; il a un casque, des
lunettes tout à fait semblables aux nôtres;
je distingue aussi la mitrailleuse, couchée
devant lui.

J'ouvre le feu... Pan, pan, pan ! trois cartouches et ma mitrailleuse s'arrête, enrayée;
maudite soit-elle !

Je reste avec, dans les mains, une masse
de métal inutile... Comme cela me paraît
étrange de voir de si près mon ennemi et
de ne pouvoir ni l'atteindre ni l'abattre...

J'ai un geste de colère en saisissant la
carabine de secours. Quelle pauvre arme
contre deux Maxims.

Aïe ! voici que l'un des Fokkers, derrière
nous, ouvre le feu et nous arrose. Et elle
marche, sa mitrailleuse. Clac, clac, clac !...
Immobile sous le fouet des balles, les mains
crispées à la carabine, j'attends... Le terrible
claquement cesse ! Je respire...

Où sont les Fokkers ?... Je les cherche vivement des yeux, car le combat n'est vraisemblablement pas fini. Je ne parviens à en trouver qu'un. L'autre, la mitrailleuse enrayée sans doute, s'est éloigné. Mais le Fokker restant en veut toujours. Je le vois qui manœuvre pour se placer et tirer!... Il passe devant moi, il est tout proche.

Ah! mais cette fois, je l'abattrai peut-être. Rageusement, je vide sur lui un chargeur de carabine... sans succès malheureusement. Il m'aurait fallu la mitrailleuse.

Oh! la rage de tenir à bonne portée un ennemi dangereux et de ne pouvoir rien contre lui, d'être le gibier sans défense alors que l'on pourrait être le chasseur!

Le Fokker vire soudain et nous présente son avant. Attention! La danse va recommencer. Clac, clac, clac! Nous sommes en plein dans la gerbe. C'est bien pénible. Une heureuse manœuvre nous tire d'affaire, cette fois encore sans dommage..

Mais notre situation est loin d'être brillante. Nous avons, en virant, descendu sans cesse. La terre maintenant est toute proche, à cinq cents mètres à peine, et c'est la terre ennemie. Et le Boche revient au combat. Il va nous falloir manœuvrer, descendre encore... Notre affaire est claire; ou nous serons tués par les balles du Fokker, ou nous approcherons de si près le sol, que ce sera un jeu pour les mitrailleurs terrestres de nous abattre. Cela m'apparaît avec une effrayante netteté. C'est à mon cœur une douleur aiguë, comme un fer qui le percerait... Perdus, nous sommes perdus !

Le Boche entre temps s'est placé. Il est à nous toucher, à cinquante mètres à peine. Je hurle au pilote :

— Virez, virez !...

Et j'attends le crépitement, la mort... Rien ne vient ; étonné, je me retourne ; je vois s'éloigner le Fokker...

— Tout droit, tout droit ! Nous sommes sauvés. Tout droit...

Mon ennemi que je suis des yeux s'éloigne toujours ; il disparaît. Enrayé lui aussi, très vraisemblablement... Au reste, n'est-ce pas

la règle des combats d'avions de finir faute
de mitrailleuses ?

. . . .

Mon travail s'est effectué sans autre incident. Nous avons atterri, sains et saufs.

Maintenant sur la piste, devant les hangars, nous examinons l'appareil. Il a pris
douze balles, pas une de plus, pas une de
moins. Douze : c'est honorable. Il y en a dix
dans la toile, une dans un mât, qui a éclaté ;
une dans un longeron de queue. Ah! cette
dernière aurait pu amener une catastrophe ;
la rupture de la queue, par exemple...

Des camarades s'approchent, je leur
montre avec fierté les traces du combat, les
meurtrissures de l'avion. Ils hochent la tête.

— Tu l'as échappé belle.

Et ils me demandent comment cela s'est
passé ; je le leur dis volontiers. Tout soldat,
comme tout chasseur, aime à conter ses aventures, et puis, cela pourra leur servir, ce soir
peut-être ou demain... Ils m'écoutent attentivement. Quand ils s'en vont, d'autres viennent. Tout le monde me félicite de ma

chance; je suis la bête curieuse que l'on vient voir. Songez donc : un Farman, au-dessus du territoire ennemi, contre deux Fokkers !

Et quel plaisir, je l'avoue, de téléphoner aux artilleurs.

— Le travail a bien marché, n'est-ce pas ?... oui; au début, je me suis trouvé gêné un instant, oh ! peu de chose : deux Fokkers...

Je fais le dédaigneux : c'est de bon ton... Je suis naïvement heureux.

. . . .

Et le soir, je songeais que je venais de voir la mort de près. Certes, ce n'était pas la première fois. Étant artilleur, j'ai subi, aux batteries et aux tranchées, des bombardements dont je ne suis sorti vivant que par miracle. Ma rencontre d'aujourd'hui n'est pas, en horreur, comparable à de tels marmitages. Ce fut infiniment moins long d'abord. Et ma pensée toujours occupée, mon esprit ne put se fixer dans l'effrayante contemplation de la mort. D'ailleurs, je ne fus à aucun moment totalement impuissant. L'espoir de vaincre soutint sans cesse mon énergie ! Non, vraiment, combats d'avions et marmitages n'ont rien de commun, et ces derniers sont autrement durs.

Certes, et cela fait notre fierté, l'aviation est une arme où sans cesse moissonne la mort. Mais si, pour nous, la faux vient souvent, du moins vient-elle soudaine et brusque, du moins tranche-t-elle d'un coup, sans lenteur douloureuse !

On meurt beaucoup, on souffre peu.

Il fait mauvais temps ; la campagne s'ennuie et moi aussi. Dieu ! comme tout est gris et triste. Le petit bois pleure de toutes ses branches chargées d'eau. Les hangars ont des peaux luisantes de batraciens...

Je veux à tout prix secouer la mélancolie qui m'étreint l'âme. Je sors, je vais au hasard ; ma promenade m'amène au village.

Pauvre village ! La guerre a été dure pour lui. Elle lui a octroyé un sauvage bombardement ; l'incendie l'a détruit aux trois quarts. Aujourd'hui ses ruines humides sont d'une infinie tristesse.

Oh ! les pans de mur ruisselants sous un ciel morne ! Cadavres mutilés, abandonnés sans sépulture aux insultes du temps.

Maisons détruites, je songe aux jours heureux que vous connûtes ; aux joies, aux labeurs, aux amours qu'abritèrent vos toits ;

aux vies paisibles et laborieuses qui s'écoulèrent entre vos murs. Et puisque approche le soir, j'imagine autour de vos foyers les époux assis et les enfants qui jouent...

Enfuis ces printemps ; disparus ces soleils... Il pleut, il pleut à verse sur vos pierres en désordre ? Maisons, comme vos ruines lamentables touchent mon cœur... Et tant et tant de villages comme le vôtre... Dans les campagnes où passa l'ennemi, partout des ruines, partout. Grande pitié, vraiment, au pays de France...

Je poursuis ma promenade. Le hasard m'amène auprès d'une tombe, tapie au creux d'un sillon ; quelques mottes de terre, des couronnes de feuillage, une croix rustique... C'est simple et grand, comme le devoir, qui étendit là ce soldat.

Un jour aussi, peut-être, j'aurai ma tombe telle, au coin d'un bois, au coin d'un champ. Une lassitude infinie envahit à cette pensée mon âme. Eh quoi ! les maisons meurent, les hommes meurent, tout passe et meurt, et nous nous agitons et nous nous efforçons? O folie!

Les yeux au sol, je médite. Et puis, mon regard s'élève; je vois un pré vert, il a la couleur de l'espérance, et plus loin, le village dont les ruines luisent et rient maintenant, car le temps s'est levé, et plus loin encore, le ciel rose et souriant.

Contre-attaque au matin.

Je suis chargé de suivre la progression de l'infanterie. Au lever du jour, le temps est aussi mauvais qu'il est possible. Les nuages roulent à deux cents mètres à peine... Il pleut fréquemment, par rafales drues.

En me rendant aux hangars, je frissonne. Le travail sera dur. Il va me falloir voler bas ; donc tangage et roulis pénibles. Et puis, il y aura les tirs de barrage à craindre. Les faibles altitudes sont des zones de circulation intense pour les obus de tous calibres, amis et ennemis ; je songe à cela, tout en me vêtissant ; il y aura aussi la panne ; avec un vent pareil au-dessus des lignes : c'est la mort. Pas très gai, tout cela...

Je suis prêt. Mon pilote aussi. Nous nous serrons la main avant de monter, car le vol que nous allons exécuter est de ceux dont on a quelques chances de ne pas revenir.

Les moteurs sont mis en marche. En route !

. . . .

Nous voici aux lignes. L'âme transie, je regarde : au-dessous de moi, il y a une terre âpre, dépouillée, étrangement proche, avec des reliefs saisissants. Une lumière blafarde l'éclaire. Terre boursouflée comme une huile bouillante, retournée comme un labour gigantesque, soulevée, ondulée comme une mer. Et de-ci de-là, des reflets livides de dalles mouillées. Humide peau de monstrueux crapaud, avec de fins sillons, sinueux et ramifiés, comme un réseau veineux ; par endroits, bleue d'uniformes français. De tous côtés, les panaches noirs et lourds des éclatements : exhalaisons d'une terre en furie. Au-dessus de moi, c'est l'effroyable chaos des nuages, gros de pluie, qui s'en vont pendants. L'appareil parfois disparaît en des volutes sombres et froides, véritables fumées d'abîme. Je sens alors comme le

frôlement d'ailes immondes; et dans le sif-
flement du vent au travers des mâts et des
cordes, j'entends de sinistres ricanements.
Une affreuse angoisse m'étreint....

Et ce dessus et ce dessous se joignent à
quelque distance, tout autour de moi, créant
un cirque obscur, bas de plafond, écrasant
de pesanteur. Et dans ce cirque, les misérables agitations humaines... Pas un coin de
ciel, pas une clarté n'autorise l'espérance.

« N'élève pas tes regards, pauvre soldat.
C'est inutile. Le cercle de tes gestes est
sans issue... c'est un tombeau... Accomplis
ta lourde tâche, le cœur glacé, l'âme navrée,
et meurs comme tu vécus, la face dans la
boue. »

Et moi aussi, j'ai la désolation au cœur,
entre ces masses hostiles également, terre
et ciel, qui sont comme des mâchoires pour
broyer ou des bâillons pour étouffer.

Je vais mourir d'horreur.....

. . . .

Un obus claque tout proche. Dieu merci!
c'est un coup de fouet à mon énergie. Je

romps l'envoûtement d'horreur, et, saisi par le sentiment du devoir à remplir, je m'enferme dans l'observation des mouvements d'infanterie.

L'attaque malheureusement ne progresse pas, arrêtée très vite par des feux de mitrailleuses, peut-être aussi parce que, sous un tel ciel, nul élan n'est possible.

· L'insuccès constaté, je regagne le terrain. La pluie s'est remise à tomber, elle cingle douloureusement. Courbé sous le fouet de l'averse, je songe à la méchanceté de la matière, à l'acharnement des forces aveugles à meurtrir, à écraser les corps et les âmes, à la pitié de la vie. Laideur, mort, insuccès de méritoires efforts : voilà le spectacle qu'elle vient de m'offrir.

Dans la carlingue je pleure, transi et battu d'eau, la grande misère humaine.

Et certes, la matière pèse douloureusement sur les âmes. Mais peut-elle quoi que ce soit sur celles qui ont mis leur espoir ailleurs et qui vont, au travers de la peine et de la souffrance, tendues vers d'autres horizons?

Aujourd'hui, le temps est beau, je me sens d'humeur gaie. Vive la vie, pourvu qu'il fasse clair. Hier, mon âme était triste et lasse, elle est en allégresse, à présent. O puissance d'un rayon de soleil...

La mort? un don généreux, un sacrifice sublime. La douleur? un instrument de notre élévation... Le sang? une fleur éclatante sur les coteaux.

Mais je veux profiter de la tiède soirée pour errer dans la campagne. J'ai découvert un petit bois aux environs du campement; il est charmant en sa tenue d'automne vieil or, si délicieusement mélancolique. Un vent léger murmure en son feuillage une plainte discrète.

Car il est triste, le petit bois, et je sais bien pourquoi. En son milieu, j'ai découvert deux trous d'obus, traces de la grande ruée des barbares. Je ne songe pas sans pitié à son saisissement, à sa douleur, quand les éclatements monstrueux vinrent troubler son heureuse quiétude. Il était bon et serviable. Il ne voulait de mal à personne, et seulement qu'on lui permît de poursuivre sa vie paisible et ses doux chants...

Soudain, vlan! vlan! Son cœur sensible s'arrêta sans doute de battre et depuis lors il dépérit...

Mais, petit bois, quand viendra le printemps, une foi nouvelle gonflera tes vaisseaux rajeunis et tu refleuriras dans la gloire des matins frais. Et les brises caresseront comme jadis tes jeunes feuilles, et la chanson renaîtra dans ta ramure.

Heureux petit bois... Ah! que ne puis-je comme toi me dépouiller de temps en temps d'un feuillage mort et oublier! Que ne puis-je d'une vierge frondaison renouveler ma vie!

Mais rien ne s'efface de nos souffrances, de nos fatigues, pauvres humains. Il nous faut accepter, pour toujours, une vieillesse prématurée dont les sombres années de guerre ont frappé nos cœurs...

Le temps est beau. Songeons à des bonheurs possibles.

En plein vol.

Je promène mon regard de tous côtés. Nulle borne, nulle fin ! De l'espace et de l'espace encore...

Je ne comprends pas. Je fais effort.

Plus haut, toujours plus haut ! Plus loin, plus loin toujours !... jamais le bord, jamais l'interdiction.

Des yeux, en vain, je fouille le ciel !

Mon âme alors s'étonne, car elle a soudain le sentiment de l'illimité.

Et elle s'épouvante, pauvre petite chose dans l'infini.

J'entends dans la nuit le ronflement des moteurs. C'est l'escadrille de bombardement de nuit qui prend l'envol. Je sors, je cherche des yeux, à la voûte scintillante, les grands oiseaux nocturnes... La nuit est tiède, éclaircie d'un pâle rayon de lune. Elle m'enveloppe comme d'une ouate douce et légère. Les ronflements troublent seuls le silence...

Ah! je tiens du regard l'un des avions, tache-sombre informe, sur le fond clair d'étoiles, avec deux faibles scintillements, les feux de bord.

« Dieu t'accompagne, voyageur solitaire, pèlerin de la nuit.

« Que sa protection soit sur toi; qu'il te garde des dangers multiples, du shrapnell qui s'allume comme un feu du ciel; de l'explosif à la brève lueur; [de l'incendiaire, chenille brillante qui se balance, étonnant météore. Et qu'il te guide en d'incertains chemins... »

Je n'entends plus les moteurs. Le silence est retombé peu à peu sur la nature au repos.

. . . .

Voici l'un des avions qui rentre. Je vois les appels lumineux de son projecteur, point brillant qui s'allume et s'éteint au ciel ! Mystérieux langage.

« Le terrain est-il libre ? » Une fusée rouge lui répond, elle monte en sifflant, explose et se balance, éclatante. « Oui, le terrain est libre. Avion, tu peux atterrir sans craindre de collision. »

Deux projecteurs s'allument en deux points du terrain ; de leurs blancs fuseaux ils inondent le terrain de lumière. L'un indique l'axe d'atterrissage, l'autre est pour éclairer de flanc. L'appareil soudain sort de la nuit, comme une apparition. Il se pose, étrangement blanc à la clarté des projecteurs. Devant lui, un pinceau lumineux balaie le terrain. Tout s'éteint, tout se tait.

Il en surgit ainsi, tour à tour, une dizaine. La manœuvre se renouvelle. Feux intermittents au ciel, fusée rouge, jet brusque de blancs faisceaux, apparition instantanée, la nuit. Tout cela a quelque chose de fantastique. Suis-je éveillé ? est-ce un rêve ? un jeu fantomatique ?

Mais je ne puis songer sans frémir aux risques que courent ces hommes qui s'en vont, dans la nuit, à la merci d'un moteur. Une soupape qui grippe, un culbuteur qui casse et c'est l'atterrissage dans la campagne en pleine obscurité. Quel terrifiant drame ! La terre approche, les deux passagers, le cœur serré d'angoisse, s'efforcent de percer les ténèbres, de distinguer quel sol est sous eux... Matelots tragiques qu'emporte la tempête sur les récifs !

Est-ce un pré ? est-ce un bois, un village, un taillis ? Est-ce la vie ? est-ce la mort !

Soudain les roues touchent et c'est le salut ou l'écrasement... Les bois se rompent en craquant, l'appareil se brise... et peut-être l'incendie... qui jettera sur la campagne une sinistre lueur; un lourd panache de fumée monte et d'affreuses odeurs de chairs brûlées se répandent.

. . . .

J'ai connu quelques-uns de ces nocturnes errants, hommes jeunes et forts. Ils partaient pour leurs périlleuses missions, le visage joyeux, la plaisanterie aux lèvres, et sans jamais laisser transpirer quoi que ce soit de leur angoisse intime. Soldats de France, gais dans l'épreuve.

Devoir et gaîté. Ils ne savaient que cela. Leur gaîté, je n'ai pas à la peindre, claire et franchè comme un vin blanc de nos coteaux. Mais, je veux ici, en contant l'exploit d'un de leurs équipages, montrer ce qu'était pour eux le devoir.

. . . .

Ils avaient reçu la mission de s'en aller jeter des bombes sur telle gare importante dont le nom m'est échappé. Le départ s'effectua sans incident. Tout alla bien au début. L'objectif déjà était en vue, lorsque, pour une cause inconnue, des vapeurs toxiques émanèrent des bombes spéciales. Les passagers en furent rapidement incommodés.

— Qu'y a-t-il ? hurla le pilote, dans le vent.

— Les bombes, lui fut-il répondu.

Ils continuèrent leur route. Quoi de plus facile pour eux que de se débarrasser des projectiles dangereux? Un levier à mouvoir et tout s'en allait par deux mille mètres. Ils songèrent à cela.

Mais quoi! L'objectif était loin encore et les bombes frapperaient au hasard. La mission ne s'accomplirait pas. Non, pas cela, à aucun prix. Haletant, étouffant, ils continuèrent.

L'objectif approchait, mais leur vue se brouillait. Ils défaillaient; la main crispée sur le levier, le bombardier attendait toujours..... Enfin l'instant vint, le levier joua, les bombes s'en allèrent accomplir leur œuvre. Mais les passagers étaient à bout de forces... Dans la nuit, par deux mille mètres d'altitude, ils s'évanouirent.

.   .   .   .

Qu'advint-il alors de l'appareil livré à lui-même ? Quelles acrobaties fantastiques accomplit-il ? Je ne le sais, mais, ce dont je suis certain, c'est qu'elles furent étonnantes. Ah ! certes, si quelque projecteur à ce moment éclaira l'avion, plus d'un Boche dut être surpris d'un tel pilotage.

Étonnez-vous, Boches, et demandez-vous quel surhomme conduit l'avion. Mais, pour moi, ce dont je suis anxieux, c'est de savoir si les passagers paieront ou non de leur vie leur geste héroïque.

Ils ne l'ont pas payé. Quelques quarts d'heure après, l'appareil atterrit heureusement. Mais aucun des passagers ne put de lui-même mettre pied à terre. On se précipita. Personne ne bougeait dans la carlingue. Les passagers étaient-ils donc blessés ou morts ? Rien de cela, Dieu merci ! mais le bombardier toujours évanoui, ou mal revenu, et le pilote encore bien faible. Tous deux, soignés aussitôt, se remirent peu à peu.

Combien de temps avait duré l'évanouissement du pilote ? Nul ne le sait. Quand il revint à lui, l'appareil se trouvait en ligne de vol, descendu seulement de plusieurs centaines de mètres... Le pilote, incomplètement revenu, réussit à force d'énergie à gagner le terrain : mission remplie.

Ceci s'est passé au siège de Verdun, par une belle nuit de printemps... Peu de gens ont su l'exploit. Personne ne s'en est étonné, tant l'héroïsme à cette fabuleuse bataille était la règle.

Je regarde décoller un Farman. Il vient de rouler sur la piste, avec tant de gaucherie et de lourdeur, ainsi qu'un albatros se traînant au sol, que je suis étonné, maintenant, de sa légèreté à s'enlever. Il franchit la crête.....

Soudain, le voilà qui ballotte : un remous, sans doute ? Il penche... Oh ! il ne se rétablit pas..., il penche encore ; il est presque vertical..., il tombe. C'est comme une chauve-souris frappée en plein vol..., instantané.

J'entends un craquement... L'avion n'est plus qu'un tas informe de toile et de morceaux de bois, si menus, si enchevêtrés qu'on dirait un jeu de jonchets.

Cet appel de l'avion qui meurt, combien de fois l'ai-je entendu ? Combien de fois a-t-il empli mon âme d'angoisse et d'horreur ?

Je regarde ; rien ne bouge dans le tas ;

nulle tête ne surgit... De tous côtés on court. Je vois des hommes s'agiter autour de la carcasse... Des brancardiers s'approchent... Je ne distingue plus qu'une foule immobile. Et puis c'est la lente procession, qui s'égrène sur le terrain, des brancards suivis des chefs, des amis et des curieux.

Les passagers? Blessés légers, qui guériront pour une nouvelle occasion de mort; agonisants ou morts, qui mourront ou sont morts, loin de leur pays, loin de leurs affections...

Un jour aussi, sans doute, je serai la loque sanglante qu'on s'en va brimbalant, avec, aux lèvres, un pli de pitié... Et qu'importe, si j'ai servi!.. Le bonheur n'est-il pas à celui qui met son corps et son âme au service d'une juste cause?...

C'est l'heure du déjeuner; je pénètre dans la tente-salle à manger. Et tout heureux d'annoncer du nouveau, je lance aussitôt :

— Mon capitaine, je viens d'apprendre que peut-être nous allons avoir à faire des bombardements de nuit... C'est ça qui va être intéressant...

Mais la nouvelle n'obtient pas du tout le succès que j'en attendais...

— Vous ne savez pas ce que vous dites, m'est-il répondu sèchement; l'escadrille ne fera jamais de bombardement de nuit.

Et au bout d'un instant de silence :

— Les bombardements, du reste, ...

. . . .

Tout cela est dit avec une conviction tellement farouche, que j'estime n'avoir pas mieux à faire que de ne pas insister. Nous nous asseyons et le repas commence...

Tout en mangeant, je cherche à découvrir un motif à l'étrange réponse du capitaine. Étrange? oui, vraiment, et par le ton autoritaire dont elle a été prononcée, et par l'opinion qu'elle enferme. Les bombardements ne sont-ils pas de règle? Ne leur connaît-on pas une utilité certaine, au point de vue militaire? Ne s'occupe-t-on pas sans cesse, en haut lieu, de perfectionner les avions destinés à leur exécution?... Alors?

Je regarde le capitaine : silencieux depuis ma malheureuse annonce. Son visage le montre soucieux, souffrant. Mon Dieu! comme cette question des bombardements le touche! Mais pourquoi donc?

La conversation que j'eus l'autre jour avec Dégart me revient à la mémoire.

Une intime souffrance, avions-nous conclu. L'aurai-je involontairement avivée par mes paroles?

. . . .
. . . . Voilà une opinion rien moins qu'indiscutable.

Elle s'expliquerait peut-être, dans la

bouche du capitaine, en supposant certaines choses... Mais sais-je?

Bien étrange et mystérieux, en tout cas, notre chef d'escadrille...

Boum! boum!... Des coups sourds retentissent, suivis d'un long bruissement qui s'achève en un faible éclatement. On dirait des fusées, un soir de feu d'artifice.

Ce ne sont pas des fusées qui partent, mais des obus; je connais bien la voix des batteries contre avions; les voilà qui tirent. Je sors, car elles annoncent une prochaine visite, et je tiens à voir venir les visiteurs.

Dans le ciel, un peu partout, flottent de minuscules boules blanches, lotus sur l'eau rose du Levant. Au milieu, les avions boches, toutes petites formes noires, presque invisibles! Ils foncent droit sur nous, mais cela, pour le moment, ne nous inquiète guère; comment un engin dangereux nous viendrait-il de si misérables insectes?

Pendant que je suis, le nez en l'air, à regarder, une grande agitation naît au terrain; on court de tous côtés. Que se passe-t-il? Tout simplement que des chasseurs partent à la chasse...

Rran! rran!... voilà les moteurs en action et les avions qui roulent et qui s'envolent. Arriveront-ils à temps pour engager le combat avec l'escadrille ennemie? Peut-être, mais rien n'est moins sûr. Car celle-ci, de toute évidence, ne s'en va pas baguenauder. Elle a passé les lignes, vers Saint-Mihiel; elle file sur l'Argonne, coupant, à toute vitesse, suivant la corde, l'arc du saillant verdunois. Au passage, elle lâchera ses bombes, et au revoir. Vraie tactique de Parthes... Des barbares, ceux-là aussi.

Les batteries tirent toujours et fleurissent sans cesse les plaines de l'air. Les Boches approchent. Les Nieuports en tournant montent.

Les Boches enfin atteignent au zénith. Attention! les bombes, c'est le moment.

En voici une; j'entends dans l'air un bruissement faible. Il grandit. Aïe! Où va tomber le projectile? C'est toute la question... La menace bruit toujours!... Elle s'éternise.

Mais arrive donc, bombe de malheur!... Le bruissement grandit encore... Aïe!

Rran! La bombe explose. Des éclats sifflent, les mouches. Et c'est fini. C'est mieux ainsi. Pour les esprits curieux, tout inconnu est troublant; ici le point de chute.

Personne n'est touché!... C'est parfait. Poum! poum!... des éclatements un peu partout dans la campagne.

Crottez! Crottez! sales oiseaux. Un jour, et ce sera justice, viendront pour vous le chasseur et la punition...

Les avions allemands se perdent dans la clarté lointaine, vers l'ouest... Les Nieuports montent toujours : en vain, c'est évident.

Mais que fait, au-dessus de nous, ce Boche isolé! perdreau retardataire, loin de sa compagnie?... Je ne sais pas, mais je sais bien que voilà pour lui une situation fâcheuse.

Il est déjà aux prises avec nos Nieuports. Cela devient intéressant... Il a abandonné sa marche rectiligne; il descend en spirale; c'est une loi des combats d'avion, qu'ils se livrent en un tournoiement perpétuel.

Des Nieuports manœuvrent tout autour. Clac, clac, clac !... Les mitrailleuses donnent. Amis et ennemis s'approchent, se croisent, s'entremêlent et s'éloignent. Nous ne comprenons rien au combat. A peine distinguons-nous le Boche des nôtres ; et pour savoir qui tire, bernique ! Nous attendons, fortement angoissés, le dénouement. Qui tombera ?

Clac, clac, clac !... Le chant des mitrailleuses reprend. Soudain, l'un des nôtres tombe. Touché ? Nous suivons, angoissés, sa chute. Perdu ? non ! Le voilà qui se redresse. Ouf ! c'est un poids de moins. Enrayage de mitrailleuse, sans doute, et rupture du combat, pour permettre la remise en état de l'arme...

Clac, clac ! La danse reprend...

Mais voici du nouveau. Le Boche descend droit, en vol normal, mais si vite qu'il est clair pour tout le monde qu'abandonnant le combat, il s'apprête à atterrir. Les Nieuports l'escortent. Les mitrailleuses se sont tues.

Le Boche descend toujours. Il disparaît derrière un bois, vers Souilly ; après lui les Nieuports.

Victoire !

. . . .

Tiens ! Nulle fumée ne monte dans la campagne. Le Boche aurait-il été empêché d'incendier son appareil ? Si on allait voir ! Vite une voiture, et en route à toute vitesse. Allons à Souilly ; là, nous demanderons des renseignements.

Souilly est à huit kilomètres. Le trajet n'est pas long. En arrivant au croisement des routes, avant le village, nous apercevons une imposante rangée de voitures devant le terrain d'aviation ; nous ne sommes pas les premiers curieux à venir.

Le Boche aurait-il atterri sur le terrain ? Ce serait amusant. Nous nous en enquérons. Oui, l'Allemand a fait ainsi... fort prudemment : dans la campagne, un atterrissage est toujours scabreux !...

Pied à terre. L'appareil ennemi est devant les hangars, fraternellement mélangé avec nos avions. Je m'approche : il est absolument intact. Comment cela peut-il être ? On me l'explique. Au cours du combat, le pilote a reçu une balle dans la cuisse. Impossible pour lui de quitter, à terre, la carlingue ; impossible par suite d'y mettre le feu : il en a du moins jugé ainsi. Tant mieux, car l'appareil est du plus récent modèle et fort intéressant à examiner. Il y a foule déjà tout autour. J'augmente la foule.

Mâtin ! quelle construction. Ils se mettent bien, les Boches. Beau moteur, cellule robuste et soignée, fuselage fin, en superbe contre-plaqué. Quant aux tourelles des passagers, très confortables, très luxueuses, coussins de cuir, instruments de prix ; surtout, armes merveilleuses, avec cinq cents cartouches au ruban de chacune d'elles.

Je ne puis m'empêcher d'établir la comparaison avec nos appareils : pas favorable, non, vraiment. Entre ces outils et nos Caudrons, il y a toute la différence existant entre une auto de luxe, une Rolls Royce, par exemple, et un camion...

J'aime mieux m'en aller, sans pousser plus avant l'inspection. Cela me dégoûterait par trop...

Je suis en train de me promener avec mon chef d'escadrille...

Un officier s'approche de nous.

— Comment allez-vous, mon capitaine? dit-il en saluant.

Le capitaine le considère :

— Vous, R...? Je suis bien content de vous voir. Mais d'où diable sortez-vous?

— Du centre de bombardement de N... J'ai une permission de quelques jours, je me promène.

Et la conversation va son train. Puisque je suis là, je n'ai pas mieux à faire que de l'écouter. Elle m'intéresse d'ailleurs, car, de fil en aiguille, R... en est venu à parler des opérations de son escadrille. Chaque nuit sans nuage, un bombardement. Personnellement il est allé marmiter toutes les gares et tous les bivouacs de l'Est allemand. Il est ravi de nous raconter ses expéditions, et comme il est jeune et que le temps est beau, il rit souvent.

Quant au capitaine, sitôt le mot « bombardement » prononcé, un amer sourire est venu à ses lèvres, un sourire d'une infinie tristesse, aux coins tombants. Je remarque qu'il ne suit plus le récit de R... mais, à ce qu'il me paraît, une douloureuse songerie.

Brusquement, il interrompt R...

— Dites-moi ! connaissez-vous la ville de Thiaucourt ?

— Si je connais Thiaucourt ? Ah ! je crois bien, c'est une des villes les plus fréquentées par notre escadrille. Que de bombes j'ai lâchées sur la gare. Du beau travail, ma foi. La gare est entièrement démolie. Les maisons avoisinantes . . . . . . aussi...

— Les maisons avoisinantes... Ah ! fait alors le capitaine avec une telle émotion dans la voix, que R..., interloqué, se tait.

Au bout d'un instant de silence, la conversation reprend entre R... et moi, et va tant bien que mal. Le capitaine, jusqu'à la fin, demeure sombre et silencieux. R..., qui ne comprend rien à cette attitude, a un visage de catastrophe. Il prend congé le plus tôt qu'il le peut.

. . . .

L'incident m'a frappé. Thiaucourt bombardé : que diable cela peut-il faire au capitaine ?

A moins que...

Il me vient une idée... Mais l'homme courtois n'interroge jamais. Je me tais et rentre sans mot dire.

Il plaira peut-être un jour à notre chef de nous confier sa peine.

Le front n'a pas bougé depuis les combats d'août. La vague allemande n'a plus gagné. On la sent sur le point de refluer. L'avenir se présente sous un jour favorable; tous les espoirs sont permis.

Mais Thiaumont, Vaux et Douaumont sont aux mains des ennemis, et Souville toujours serré de près. La place pour l'instant est hors d'affaire. Ses défenses profondément entamées, elle n'en reste pas moins à la merci d'un coup de main.

Nous songions à cela, un soir, Dégart et moi, quand le capitaine nous fit appeler. Il venait de recevoir un pli confidentiel et c'était pour nous en apprendre le contenu qu'il nous faisait prier. Voici au juste de quoi il s'agissait.

L'armée de Verdun, abandonnant son attitude défensive, allait procéder dans quelques jours à une attaque de grand style. Les objectifs seraient Thiaumont, Vaux, Douaumont.

Un morceau d'importance, ma foi, et que les Boches n'avaient avalé qu'après de durs et longs combats.

La nouvelle nous emplit de joie. Enfin, les rôles changeaient, et c'était fini de subir les initiatives de l'ennemi. A notre tour de mener la bataille, Dieu merci !

Pour préparer et appuyer l'attaque, l'armée disposerait d'une formidable artillerie. En ce qui nous regardait, nous serions chargés de réglages lointains des canons de côte et de marine. Besogne périlleuse, car son accomplissement nous entraînera dans les zones éloignées, très fréquentées par les chasseurs ennemis, mais besogne d'honneur et qui n'était pas pour nous déplaire. L'affaire se présentait heureusement. Nous attendîmes avec impatience l'heure de l'exécution.

. . . .

Nos canons arrivèrent quelques jours

'après. Aussitôt, nous nous empressâmes de faire la connaissance des officiers de ces batteries : marins et artilleurs de côte, gens fort distingués et courtois, dont le commerce fut pour nous un agrément et un profit.

Les méthodes de tir en liaison avec observateur aérien furent aisément mises sur pied, sans que survînt la moindre difficulté.

Avec tous les artilleurs, il n'en est pas ainsi; j'en ai connu de réfractaires à toute entente, esprits méfiants ou retardataires.

Rien de tel, cette fois. Les liaisons furent un plaisir.

J'eus alors l'occasion d'approcher de beau et puissant matériel : canons de gros calibre, monstres d'acier qui dressaient au ciel de longues et pesantes volées, et dont la voix faisait vibrer la plaine. Au repos, ils étaient sur les rails, hauts wagons bâchés, comme des chevaux fatigués, immobiles sous leurs couvertures, la tête basse. Les canonniers nous les présentaient avec orgueil; ils nous faisaient admirer les différentes pièces, culasses, freins, glissières, tout un acier brillant, énorme, et les mécanismes qui jouaient avec des claquements...

. . . .

. . . .

. . . .

. . . .

. . . .

. . . .

. . . .

. . . .

. . . .

La préparation d'artillerie devait commencer trois jours avant l'attaque. Ah! que nous l'attendîmes impatiemment ce jour, J-3! Il fut retardé plusieurs fois, à cause du temps qui s'obstinait à demeurer mauvais.

Il vint le 21 octobre.

Ce jour-là, dès le matin, une intense activité régna au terrain. Il y avait à cette époque, au centre de L..., cinq escadrilles d'observation et trois de chasse. On peut imaginer quel vacarme et quelle agitation c'étaient aux alentours des hangars. Quel incessant mouvement sur la piste. Envols et

atterrissages se succédaient sans interrup-
tion. ·

A certaines heures, partaient les patrouilles de chasse. Six Nieuports, à la suite
les uns des autres, décollaient dans un
vaste ronflement. Ils allaient en théorie régulière, comme un vol de canards.

Plus personnels, les Farmans et les Caudrons prenaient l'air, dans un admirable
désordre. On les voyait, isolés, s'éloigner
vers les lignes.

Le temps était merveilleusement beau, le
ciel limpide comme un cristal; on put distinguer, durant la journée entière, sur la
toile rose de l'horizon, un tournoiement
pressé de moucherons. Tout autour éclosait
sans cesse une multitude de minuscules
fleurs blanches... Parfois, il arrivait qu'un
rayon de soleil frappait quelque surface
polie; un avion étincelait au loin.

Il fallait naturellement beaucoup voler, et
tant de choses à faire entre les vols. Téléphoner, je n'ai jamais autant téléphoné qu'a-
lors, et prévenir, renseigner, convenir, don-

ner des ordres, organiser. L'on n'avait pas une minute à soi, et c'est à peine si l'on trouvait un instant pour casser une croûte frugale dans la journée. Quand venait la nuit, il y avait les comptes rendus, le rapport, les liaisons en automobile, par les routes encombrées, phares éteints, l'étude des photographies, l'établissement des programmes, pour le travail du lendemain. L'on se couchait tard, fatigué, la tête bourdonnante de trop de ronflements de moteurs, mais le cœur satisfait.

Pour moi, j'aime ces journées qui précèdent les grandes attaques, journées d'activité fiévreuse où l'on se sent tout vibrant d'ardeur et d'espoir.

Les 22 et 23 octobre furent de telles journées...

Aux lignes, peu de combats pour nous. Les chasseurs remplirent merveilleusement leur rôle de nettoyeurs de l'air. Le ciel fut vraiment vide d'avions ennemis. Il fallut la témérité de l'un de mes tout jeunes camarades, qui s'enfonça profondément en territoire ennemi, pour donner lieu à une rencontre, heureusement sans suite fâcheuse.

Mais le tableau de nos chasseurs fut impressionnant.

. . . .

Et le jour de l'attaque arriva. O déception ! Ce fut une journée du plus mauvais temps qu'on puisse imaginer : le matin, un brouillard épais enveloppait les collines de voiles impénétrables. Aucun travail pour nous ne fut possible.

L'attaque partit et nous errions, l'âme en peine, devant les hangars, écoutant, songeurs, le roulement lointain de la bataille, là-bas, derrière les épaisseurs d'embrun ; nous enragions de notre impuissance...

N'ayant pas mieux à faire, j'évoquais la bataille, j'imaginais l'assaut. Je voyais les vagues surgir des tranchées dans l'épaisse fumée des éclatements, et sur le sol défoncé, résolument, s'avancer. Des coups de feu, un crépitement de mitrailleuses, le brouillard se dissipe un peu, des formes courent de tous côtés ; la première ligne est prise ; des prisonniers se dépêchent vers l'arrière. Collés au barrage d'artillerie, qui nettoie devant eux le terrain, nos fantassins vont toujours.

Par endroits, d'acharnées résistances obligent la chaîne à s'infléchir, des portions s'arrêtent. Soudain alors disparaissent les formes bondissantes ; le vide s'empare à nouveau de ces champs d'horreur. Mais derrière l'obstacle les mailles se referment. De tous côtés surgissent à nouveau les fantassins.

Et comme la vague que pousse la marée se déforme au profil de la grève, bute sur des rochers épars, reflue, les entoure, les submerge et monte, notre attaque, menée d'une inflexible volonté, malgré la boue, malgré le Boche, gagne sans cesse... Thiaumont est pris ! Le ravin du Bazil est occupé. En avant toujours ! Douaumont, Douaumont !...

Ainsi je songeais et construisais la bataille selon mes désirs, lorsque tout à coup les brumes se déchirèrent, découvrant une campagne blafarde sous un plafond de nuages qui roulaient à trois cents mètres environ du sol.

Un ordre arrive : tout le monde en l'air. Aussitôt les avions de liaison quittent le terrain ; terriblement ballottés par le vent irrégulier qui souffle de l'Ouest, ils disparaissent derrière la crête. Ils vont à vue directe suivre les progrès de la chaîne. Des chasseurs partent aussi. Ils ont peu de chance de livrer bataille par un temps pareil, mais, sait-on jamais?...

Pour mon compte, je m'en vais essayer un contrôle de tir sur les batteries allemandes de la Woëvre.

Dieu ! qu'il fait mauvais en l'air. C'est pis qu'en mer par gros temps. J'ai tout de suite l'estomac brouillé.

En arrivant, je trouve le champ de bataille couvert encore de brume épaisse. Seuls les sommets apparaissent. Souville et Douaumont émergent comme des récifs hors des embruns, comme des cimes, au-dessus d'une mer de nuages. Canonnade intense, naturellement. L'appareil n'en est que plus péniblement brimbalé.

La plaine de Woëvre, heureusement, est entièrement découverte. Bien qu'obligé de voler très bas, je parviens à rendre quelques services à mon artillerie...

Sitôt ma tâche terminée, je me dépêche de rentrer afin de connaître l'issue de la bataille. Je brûle du désir de savoir comment cela s'est passé; j'ai bon espoir.

Après l'atterrissage, je me dirige vers le baraquement où parviennent les renseignements. Combien de fois, durant la longue bataille, ai-je ainsi couru aux nouvelles? Attaque française, attaque allemande, la journée durant j'entendais, l'âme anxieuse, rouler au loin les événements. Et le soir j'allais, comme aujourd'hui, avec plus d'inquiétude et moins d'espoir, vers le carré de planches, où me serait appris l'irrévocable. Hélas! bien des fois, j'ai connu la déception ou l'appréhension; avance allemande, échec ou demi-succès d'attaques amies. Fleury occupé, Thiaumont pris, Souville envahi...

Mais, aujourd'hui, c'est une compensation de ces mauvais jours. L'officier de renseignements, entre deux coups de téléphone, m'apprend que les objectifs sont partout atteints. Ah! Si je n'étais pas dans une salle de recueillement et de travail, comme je bondirais, comme je crierais de joie !

Douaumont est à nous ! Effacé pour toujours le triomphant communiqué boche, qui, par un jour de froid hiver, me fit tant de mal :

En la présence de Sa Majesté l'Empereur et Roi, nos troupes ont réalisé d'importants progrès et, dans une ruée irrésistible, elles se sont emparées du fort cuirassé de Douaumont.

Ah ! je me rappelle bien ces phrases douloureuses, et leur souvenir accroît maintenant ma joie. Et Thiaumont ! et les ravins des Fontaines et du Bazil, les bois Fumin, de Vaux-Chapitre et de La Caillette ! Ces positions qu'assaillirent durant des mois de multiples corps allemands, emportées d'un coup en quelques heures. A nous, bien à nous. Et Verdun définitivement sauvé du barbare.

Que je suis heureux !

Car je t'aime, Verdun, tes murs, tes maisons écroulées, tes collines meurtries, comme un père son enfant. Et pour toi, n'ai-je pas donné le meilleur de moi-même, ma jeunesse et mon travail, un peu de mon sang? Et n'ai-je pas durement besogné pour t'élever dans la gloire, souffert de tes souffrances, partagé tes angoisses? O Verdun, si peu que ce soit le fruit de ma peine, je t'aime, comme un père son enfant, et je sens aujourd'hui profondément ta délivrance.

. . . .

Au sortir de la baraque, je rencontre mon camarade X... Un large sourire éclaire son visage ; il me dit en passant :

— A cinquante mètres, mon cher, j'ai survolé le Douaumont, à cinquante mètres!... Les coloniaux se promenaient sur le fort comme chez eux. Ils agitaient les bras en me voyant et ils faisaient de grands gestes de joie...

Il était dans le ravissement, mon courageux camarade. Et comment le messager d'une si magnifique victoire aurait-il pu n'avoir pas l'âme en fête?

. . . .

A la nuit, la salle des renseignements s'emplit. Par une chance inespérée, nous n'avions au centre aucune perte à déplorer... La plus grande joie régnait. On causait, on riait et, de temps en temps, on allait au grand plan directeur voir le petit drapeau tricolore qu'une main pieuse avait épinglé au polygone du fort. L'on se racontait les aventures de la journée, on commentait les événements.

— Moi, mon vieux, j'ai mitraillé les servants d'une batterie boche. Ah! si tu les avais vus courir!

— Six mille prisonniers! Épatant!

— J'ai pu distinguer à terre un rassemblement ennemi, j'ai piqué et vidé sur lui un rouleau de mitrailleuse...

— Huit mois! Les Boches avaient mis huit mois à nous enlever la zone!...

Sans cesse revenait le nom prestigieux de Douaumont, dont la sonorité mettait, dans les conversations, comme un roulement de canon. Douaumont! Douaumont!

J'ai connu ce soir-là l'enivrement de la victoire.

. . . .

Le lendemain parvinrent les détails de l'attaque, le chiffre exact des prisonniers, celui des mitrailleuses et des canons pris à l'ennemi. Tous les renseignements intéressants étaient consignés par écrit et affichés aussitôt. L'un de ceux-ci attira tout de suite mon attention. C'était le compte rendu des divisions d'attaque pour la journée du 24. De tels comptes rendus sont présentés de la façon suivante : deux colonnes; dans l'une ce qui a trait à l'activité de l'infanterie française; dans l'autre ce qui a trait à celle de l'infanterie ennemie.

Or, voici comment était rédigé celui de la division qui prit Douaumont :

ACTIVITÉ DES INFANTERIES

Française :	*Allemande :*
A l'heure prescrite, l'infanterie se porte à l'attaque et atteint les objectifs prescrits.	Nulle.

N'est-elle pas d'une sublime élégance, la rédaction de ce bulletin de victoire? Et n'est-elle pas aussi d'une éloquence tout à fait rassurante?

Vous qui doutez, si tant est que vous existiez, lisez ces quelques phrases et méditez leur signification.

L'appareil s'enlève et tout aussitôt viennent s'asseoir à mes côtés deux formes voilées... Je sais bien qui elles sont : mes coutumières compagnes de l'air !

Sur mon chemin, j'ai souvent rencontré la première, avant que de connaître l'avion, avant même que d'être en guerre ! Mais c'est surtout depuis mon passage dans l'aviation que son voisinage m'est fréquent.

« Elle » est entièrement voilée de noir. Bien que sous les plis flottants son visage soit à peine visible, vous distinguez ses yeux, fixés sur moi. Ce regard, je sens bien que je le porte depuis ma venue au monde... mais longtemps je l'ignorai et voulus l'ignorer...

« Ses » traits vous échappent; mais pour moi souvent, la noire compagne a soulevé ses voiles... Que mes yeux alors ont-ils vu?... Je ne le sais au juste; encore moins puis-je l'exprimer. Il me souvient seulement d'avoir senti ma chair frémir tout entière et l'épouvante envahir mon âme. J'ai tremblé d'horreur... Loin de moi, loin de moi ce visage, et qu'elle cesse, la terrible vision!

J'ai dû longuement contempler ce que j'eus désiré n'entrevoir jamais...

A chaque fois que je prends l'air, la forme noire se dresse à mes côtés. Elle pose sur moi son froid regard. Regard singulièrement troublant, insupportable sans doute par qui n'est occupé que de plaisir et soucieux que de futilités. Mais à nous, qui avons fait une fois pour toutes l'entier sacrifice et croyons qu'il y a mieux et meilleur que la vie, il est enfin donné de le supporter sans faiblesse?... Qu'avons-nous à craindre et qu'avons-nous à perdre?

Bien plus, parce que nous savons la grande misère, la grande pitié de la vie, cette compagne a fini par nous apparaître comme une libératrice, presque désirable.

Sa hideuse étreinte nous répugne tout autant qu'autrefois, mais elle n'est, après tout,
qu'un instant d'horreur, et qu'une grande
espérance adoucit.

La première de mes compagnes est maintenant une amie...

La deuxième est aussi vêtue de noir.
Mais son visage sans voile est d'une beauté
merveilleuse.

Quand, pour la première fois, il m'a été
donné de le contempler, j'ai senti à mon
cœur un froid mortel. Car ses traits super-
bes n'expriment rien; car ses yeux magni-
fiques ont un regard sans vie, tout à fait
impassible. Car ses chairs aux formes parfaites sont d'une immobilité, d'une blancheur effrayantes.

Soudain, devant ce visage de marbre,
mon âme s'est troublée. Une sensation
aiguë de néant m'a pris à la gorge... Affreux
instant. D'un coup, l'univers m'a paru se
retrancher et ma vie se mettre à battre
dans un vide immense. Seul, je me suis

trouvé seul, avec moi-même. Oh ! la mortelle épouvante...

L'isolement, l'abandon. L'épreuve des épreuves pour nos pauvres âmes tremblantes de misère, de faiblesse et de peur, et désireuses avant tout de soutien ; pour nos pauvres âmes assoiffées d'amour. La suprême angoisse, je l'ai goûtée... Mais non en vain, car ne pouvant porter son poids, il m'a fallu, dans mon isolement des hommes, chercher une aide...

Ainsi par la main, je fus conduit vers celui qui n'abandonne jamais et pour le service inestimable que m'a rendu ma compagne, je l'aime comme une amie...

« De mes coutumières compagnes de l'air, l'une est la Mort, l'autre, la Solitude... »

Zut! j'ai tiré aujourd'hui sur un avion ami. Dieu merci! je l'ai manqué. Je n'en suis pas moins agité d'un vague remords... Si je l'avais descendu, tout de même!

Mais aussi, quelle sotte idée a donc eu le pilote de piquer sur mon appareil, comme il l'a fait? J'étais à observer paisiblement un tir d'efficacité. Je me retourne, par habituelle prudence... Je vois un biplan dégringoler sur moi. Or un biplan qui dégringole sur quelqu'un, c'est, pour ce quelqu'un, deux traits, une tache centrale; et rien d'autre. Ni croix, ni cocarde, puisque les plans se présentent de profil; c'est un ennemi, par définition.

Tant pis pour le chasseur qui s'entraîne, sans prévenir, sur les avions amis! Tant pis! c'est clair... N'empêche! si j'avais abattu le mien, j'en aurais été rudement navré.

Un soir, le capitaine, Dégart et moi,
sommes assis à la table commune, serrés
autour de la même lampe. Le capitaine lit,
mais sans conviction. Je sens sa pensée très
loin des pages que, des yeux, il parcourt.
Dégart écrit; de temps en temps, il jette un
regard plein de joie sur une photographie
qu'il a placée devant lui.

Et moi, je songe à des automnes passés;
à des veillées familiales, auprès des grands
feux clairs; quand j'étais enfant et que, sur
moi, la vie n'avait pas encore posé sa
grande désespérance...

Temps lointains, lointains... Alors, les
heures coulaient heureuses et calmes, comme
les eaux d'un beau fleuve dans de tranquilles
plaines; et nulle angoisse, nulle horreur,
n'étreignait les cœurs...

Je songe à des veillées d'autrefois... Je

regardais danser les flammes et nulle vision de guerre ne venait assombrir mon rêve... Mais j'évoquais ces autres flammes, dont la douce chaleur met à nos âmes le bonheur, et qui sont les vraies affections.

Jours paisibles, jours heureux, qui vous perdez dans les grisailles du passé, reviendrez-vous pour moi ? Hélas ! mon âme, meurtrie et vieillie, ne saura plus goûter vos joies...

．．．．．．．．．．．．．．．．．．．．

Dégart s'est arrêté d'écrire. Il sourit, le regard sur la photographie. Et puis, parce qu'on a besoin de partager un bonheur et que je suis un ami, il me la tend.

— Regarde ! c'est mon fils.

Je vois un gras poupon, qui fixe sur moi de grands yeux étonnés ; une tête joufflue, trouée de deux ronds clairs, en équilibre sur l'informe blancheur d'amples robes.

— Un bel enfant, ma foi ; je t'en fais mes compliments.

Le capitaine, à ces mots, abandonne sa lecture. Il s'approche, il regarde sans mot dire. Puis il fouille dans sa tunique, en extrait une photographie. Il nous la montre.

— Et moi aussi, j'ai un fils, nous dit-il.

Et après un instant de silence :

— Je ne l'ai jamais vu...

Nous écoutons, très émotionnés, le capitaine. Enfin, sa grande souffrance, il va nous la dire. Et ce sera fini de vivre à côté d'elle, sans la savoir... Oh! la crainte de raviver involontairement une plaie mal connue...

Le capitaine reprend. Sa voix est lourde d'une immense douleur.

— Je ne l'ai jamais vu et je ne le verrai peut-être jamais, parce qu'il est né en pays envahi, après mon départ, et qu'il y est encore avec sa mère. Parce que la maison qui les abrite est située tout près d'une importante gare, souvent bombardée, souvent... Dernièrement encore, Lafont, j'en avais la preuve...

Il me souvient de la conversation avec le pilote de l'escadrille de bombardement.

— Thiaucourt, fais-je.

— Oui, Thiaucourt.

Le capitaine se tait un instant, puis violemment :

— Comprenez-vous maintenant que je la déteste, cette atroce guerre, qui m'a tout pris, mon épouse et mon fils, et qui me torture, sans cesse, avec la menace de ne les rendre jamais à mon amour?... Ah oui, je la déteste, la guerre...

Il se tait... et nous ne savons que dire à cette grande douleur, à cette grande colère...

Quelques minutes passent, silencieuses. Le capitaine, le regard fixe, les traits contractés, laisse en son âme rouler, je le devine, de tumultueux sentiments... Et puis, le cœur dégonflé par l'explosion de sa haine, il reprend lentement, d'une voix tristement résignée :

— Je la déteste, un peu plus qu'un autre, parce que je lui dois plus de mal. . . . . .

. . . .

Vous vous battez . . . . . de tout votre cœur, parce qu'il est juste que l'agresseur soit puni et que le voleur restitue... C'est le devoir; je l'accomplis aussi; mais vous le parez de la gaîté et de l'entrain d'une jeunesse qui n'a pas rencontré le malheur... Et moi, je suis sans cesse triste et douloureux, mes pauvres amis, et je porte une éternelle angoisse...

J'ai pu souvent vous étonner par mes silences, par de certaines manières brusques. Ne croyez pas que ce fut dédain et orgueil; mais ma peine est parfois telle que mon cœur est trop petit pour la contenir. C'est elle alors qui parle et qui agit, qui est étrange, fantasque, dure, importune... et non pas moi...

Mes amis, j'ai tenu à vous ouvrir mon cœur parce que je désirerais, tout fâcheux que je suis, posséder votre affection...

. . . .

Notre affection! Vous la possédez, mon capitaine, dès à présent, et puisqu'elle ne vous indiffère pas, nous saurons vous en donner des preuves.

Mais merci mille fois, de nous avoir confié la grande pitié de votre cœur.

Désormais, pour alimenter notre ardeur,

un but précis à nos efforts sera devant nos yeux : rendre à notre capitaine ses affections et sa joie !

Et n'est-ce pas la volonté de telles restitutions, multipliées à l'infini, qui fait notre résolution de combattre et de combattre jusqu'à la fin ?

Un Caudron vient d'atterrir!... Rien que de très naturel à cela. Mais je vois courir vers l'appareil. Un passager blessé, sans doute...

Je m'approche pour savoir. Un corps est effondré dans la carlingue : c'est celui de G..., un charmant camarade, qu'une balle allemande vient d'atteindre à la tête. Hélas! il a été tué sur le coup.

Le pilote n'a rien. A côté de l'appareil, il parle avec volubilité, très secoué, très énervé. Il dit le combat : un Boche les a surpris; quelques cartouches et c'était fini. Il est couvert de sang, vêtements et visage, car au vent des moteurs, le sang qu'épanchait la blessure du passager le fouettait, comme un rocher, l'embrun. Sous l'horrible douche, il lui a fallu ramener l'appareil. Il a pu le faire; mais on le sent affreusement ému; de temps en temps un frisson secoue ses membres.

Des infirmiers s'approchent; ils enlèvent la masse inerte du passager. La tête roule sur la poitrine. Ils l'étendent sur un brancard. Les vêtements sont rouges aussi. Sur le visage blanc se dessinent des sillons sanglants.

On emporte le mort vers l'infirmerie, où il sera provisoirement déposé.

Je reste devant l'appareil abandonné sur la piste. Les panneaux de la carlingue sont rouges. Les mâts, les fuselages des moteurs sont rouges aussi.

Que de sang !...

Au terrain, une équipe de prisonniers allemands exécutait divers travaux. Elle était commandée par un adjudant boche, grand et gras homme, à la mâchoire puissante, au poil ébouriffé et roux. Il avait pris part à de nombreux combats devant Verdun et il s'en montrait fier. Orgueilleux, il ne mettait pas en doute la chute finale de la place; j'en eus la preuve, un jour que je l'entendis répondre, d'un rire large et bruyant, à l'un de ses hommes, qui venait de lui exprimer l'opinion que peut-être Verdun résisterait à la ruée allemande.

Mais le 25 octobre, lendemain de la prise de Douaumont, il faisait piteuse mine. Je l'avoue, ce fut un plaisir pour moi de lire sur son visage l'anxiété et la rage.

Dans la soirée, il surveillait le travail de ses hommes en bordure de la grand'route,

lorsque vint à passer un convoi de prisonniers. Tristes débris de la bataille : ils
allaient, les officiers en tête, tout sales, tout
boueux, les traits tirés, la face pâle, avec
des regards fuyants de bêtes traquées. Il y
en avait des grands et des petits, quelques
gaillards solides et beaucoup de malingres,
et de si jeunes et de si faibles! Piteux trou-
peau, vraiment. Certes, ce n'étaient plus
les hommes de la Marne et de l'Yser, ni
ceux d'Artois et de Champagne. Fond de
tiroir, ma foi.

Je les voyais passer, tout joyeux du symp-
tôme qu'étaient leur nombre et leur mau-
vaise constitution.

Non loin de moi, l'adjudant boche assistait
aussi au lamentable défilé.

Quelles pensées s'éveillaient en son âme?
Je ne sais au juste; mais, certainement, des
pensées peu réjouissantes. Au fait, on l'en-
tendit, m'affirma-t-on, tenir à ses frères
d'armes un langage à peu près semblable
au suivant :

— Embusqués! lâches! Moi, j'ai pris

Douaumont et vous le laissez reprendre. Moi, je suis parvenu jusque sur le Souville et si je suis ici prisonnier, c'est pour avoir, à l'assaut, poussé trop loin. Et vous, vous n'avez pas été capables de tenir et vous avez cédé ce que vos braves frères avaient acquis, au prix de leur sang !... Lâches ! lâches !...

Lorsque Dégart apprit le fait, il en fut tout joyeux.

— Tout va bien, dit-il, puisque les loups commencent à s'entre-dévorer.

De gros nuages, volumineux et ronds, se
promènent au ciel, comme des morceaux
d'écume sur une eau bleue. Le soleil les
irise curieusement... Au-dessus du terrain
ils sont peu denses. On aperçoit un grand
espace entièrement libre de ces amas vapo-
reux : c'est ce que nous appelons « un trou ».

Vite, partons ! Peut-être l'éclaircie s'étend-
elle jusqu'aux lignes et le travail est-il possible...

Non, il n'en est pas ainsi ; me voici au-
dessus de Verdun. Le sol est entièrement
disparu...

Je vois une mer immense de vagues
immobiles ; une mer d'ouate légère et qui
semble douce comme un duvet ; plaine
étrange, bien plate, bien uniforme. Le soleil
brille, dans un ciel parfaitement limpide,
au-dessus de cette molle étendue. Dans

quel pays de rêve suis-je parvenu? Simple et pur, calme et vaste...

Comme il fait bon s'y délasser des agitations et des petitesses de la vie...

Volons encore au-dessus de la mer de nuages...

Pourquoi me souvient-il aujourd'hui de mon premier vol en avion ?

...J'attendais, avec l'ardeur d'un vif désir, l'instant où, pour la première fois, je m'élèverais au-dessus des campagnes, l'instant de mes noces avec l'air... Tant de fois, d'un regard envieux, j'avais suivi les blancs oiseaux dans leurs larges évolutions ; tant de fois, mon imagination m'avait emporté sur l'un d'eux, au travail ou au combat... Quelle ivresse, pensai-je, d'errer en plein ciel, en plein azur, avec, à ses pieds, toute une terre immense ! Quelle joie de se sentir emporté au travers des espaces et de voir se découvrir de lointains horizons !

J'imaginais un monde de sensations inconnues ; j'attendais des merveilles et des bonheurs nouveaux, une révélation, un peu comme un amoureux de son amour.

Et quand, un beau matin, j'enjambai le rebord d'une carlingue, mon cœur battait à rompre...

Et puis, je n'ai ressenti que de l'ordinaire et du connu. Il m'a semblé que je n'avais de ma vie fait autre chose qu'ascensionner. Cette fuite des champs, ce fouet du vent, cet air léger, cette terre lointaine; je les connaissais de toujours. O vieillesse de l'âme humaine!

Et j'atterris, étonné que ce ne fût pas autre... Depuis, j'ai goûté là-haut bien de fortes et neuves sensations. Mais, de ce premier vol, j'attendais quelque chose de tellement extraordinaire, qu'il me valut une lourde déception...

. . . .

Tout le monde ne reçoit pas un baptême sans émotion. Il venait souvent, à l'escadrille, des camarades d'autres armes. La visite de beaucoup d'entre eux avait un mobile intéressé. Ils venaient surtout pour obtenir de nous une promenade aérienne.

— Quelques minutes seulement ; nous serions tellement contents...

Lorsque cela était possible, leur désir était exaucé. Un vieux pilote avait le soin de ces baptêmes de l'air; un pilote sûr et adroit, mais d'esprit badin.

Impassible, il embarquait le néophyte radieux. Celui-ci, au départ, gesticulait de joie...

Mais au retour... Comme il descendait péniblement de la carlingue ! A la pâleur de son visage, à ses gestes las, il était permis de penser que si ce premier contact avec l'air n'était pas une surprise pour son âme, elle l'était certainement pour son estomac.

Ah ! les remerciements, par phrases coupées, au pilote, très correct, mais qui, nous le savions, ne se tenait pas de joie. Et le jugement, un brin écœuré, du baptisé, sur l'aviation !

Mais il pouvait se vanter d'avoir à peu près tout ressenti : le roulis et le tangage, qui font monter aux lèvres l'estomac, les virages serrés, les glissades, les piqués, les spirales vertigineuses. Tout ce qui gifle, étourdit, plaque ou arrache, ou bouscule ou suffoque... Une leçon magistrale, peut-être un peu chargée, pour une première, mais qui épuisait la matière... Hélas! un peu aussi le passager.

« Rends l'âme sur le terrain, néophyte. Rends-la sans honte ni dépit. Je te le dis, en vérité : les initiés l'ont rendue avant toi, la rendent et la rendront encore... »

L'heure du courrier. L'heure de joie, quand quelque chose parvient des êtres chers; quand une douceur, à la magie des mots, berce l'âme du soldat... Il oublie le danger, l'ennui, l'horreur; il songe à son pays. Le regard sur la feuille minuscule, il voit, comme en un miroir enchanté, des campagnes et des maisons connues, des figures aimées...

L'heure de tristesse, hélas! parfois... Aujourd'hui, pour moi. Quelques lignes viennent en effet de m'apprendre la mort de Pierre B..., un ami, un ami vrai. Elles sont de sa mère. Elles expriment une telle douleur, une telle désolation, que je puis à peine les lire et que les larmes emplissent mes yeux.

Pauvre mère! Devant sa souffrance, ai-je

le droit de songer à la mienne? Oh! mon sang, ma vie, pour l'effacer...

Hélas! je ne puis rien.

. . . .

En des temps lointains, si lointains qu'il m'en souvient à peine, j'avais trois amis. Trois amis! Et la vie n'aurait pas été que gaîté, qu'espérance?... Elle était ainsi.

Or voici ce qu'il est advenu :

Au vent de l'invasion, dans les forêts d'Ardennes, le premier est mort. Sur les coteaux d'Artois, une journée de printemps, le deuxième. Et le troisième vient de mourir...

Mais ne suis-je pas mort moi-même plus qu'à demi? Un peu de ma vie ne s'en est-elle pas allée avec chacun de mes amis?... Qu'attends-je maintenant pour mourir tout à fait?

. . . .

La mort de Pierre B... fut belle : à l'assaut des lignes ennemies...

Réformé, il avait voulu servir quand même. Il est parti simple soldat..., il est

tombé obscur troupier. Ses derniers mots
ont été pour dire son bonheur de donner sa
vie à la France...

Tant d'élévation d'âme, tant d'héroïsme!
Je songe à la mort de Pierre B... et le soldat en moi s'émerveille, mais l'ami pleure...

Et l'hiver est venu... Plus une feuille, plus un fruit, plus une fleur! La mort pour la nature.

Et pour nous l'inaction et le marasme. Un ciel bouché d'épais nuages; la pluie, le vent, la neige. Nos appareils ne quittent plus les hangars; et nous ne quittons plus nos habitations, nos nouvelles habitations, car les tentes sont abandonnées. Elles ont disparu aux premiers froids, quand tombaient les dernières feuilles, quand brillaient les derniers soleils. Adieu, les dessins clairs sur la toile ; adieu, les exhalaisons champêtres et les sylvestres parfums. Adieu, les tendres luminosités des matins, la fraîcheur des rosées.

L'on nous a construit des baraquements confortables et chauds, mais disgracieux.

Nous y vivons une vie de désœuvrement et d'ennui, autour de poêles fumeux.

Lecture et bridge; bridge et lecture, occupations des journées hivernales, des longues soirées! Mais le bridge, on s'en lasse; et la lecture, nous ne sommes pas ou nous ne sommes plus des intellectuels et nous avons perdu l'habitude de l'étude et de la méditation.

L'action, voilà vers quoi se tend notre désir. Et voilà ce dont la privation submerge nos âmes d'ennui.

Oh! la triste saison d'hiver...

Parfois cependant le travail est possible,
quand brille dans un ciel limpide un clair
soleil. Journées exquises celles-là, qui ont
le charme d'une vieillesse heureuse.

. . . .

Aujourd'hui est une de ces journées.

Il neigeait depuis plusieurs semaines; le
flottement serré des flocons ne s'interrom-
pait pas; il semblait devoir être éternel, et
je désespérais du retour des beaux jours.

Cette fuite régulière et lente des masses
légères qui passaient sans bruit, se posaient
et se perdaient dans la grande nappe blanche, m'oppressait du sentiment de la fuite
des jours. Ils viennent, eux aussi, d'une profondeur insondable, passent et se fondent
dans cette chose unie et vaste qu'est le
passé...

Une mélancolie m'étreignait l'âme...

Mais ce matin, quand le jour parut, il éclaira un ciel vide enfin de blanches nuées. Un pâle soleil se leva au-dessus des collines neigeuses. La campagne étincela... L'atmosphère était merveilleusement transparente ; le manteau point trop épais sur la piste.

L'on allait pouvoir voler et pour de bon travail.

Par temps de neige les pistes fréquentées et les positions de batterie occupées se distinguent aisément des pistes et des positions abandonnées. Une telle distinction est fort utile, on le comprend. De plus, les réglages sont aisés par une transparence exceptionnelle de l'air.

. . . .

Le capitaine répartit entre nous les missions. La mienne est une surveillance générale du secteur ; observer, cueillir une moisson aussi abondante que possible de renseignements utiles.

Je me dépêche de prévenir mon pilote. J'assemble le bagage indispensable et je file aux hangars. Les avions déjà sont sur la piste; des mécaniciens tournent tout autour. Sur la couche éclatante règne l'agitation de tout un peuple de formes sombres. Des moteurs, des « moulins », veux-je dire, sont en action. De fines nuées se forment au vent des hélices; elles se déplacent rapidement et se dissolvent comme des tourbillons.

Dépêchons! Dépêchons! Je suis impatient, après une si longue privation, de reprendre l'air! La fièvre des départs s'est emparée de moi. Oh! le désir, l'espoir d'horizons plus larges. Dépêchons! Tout vibre. Tout s'agite. En route! Enfin nos moteurs arrachent l'appareil. Enfin, il s'enlève...

. . . .

Je suis très haut, je regarde... La terre est une nappe immaculée, avec des plis qui sont les collines. Une nappe brillante, éblouissante sous les feux du soleil. Le ciel est parfaitement pur, la terre sans tache. Cette blancheur liliale, cette simplicité, qui de tous côtés s'offrent à mes regards, rendent plus immense encore que d'habitude le monde.

J'ai la sensation de l'illimité, de l'infini... Tout est blanc, les bois, les maisons et les champs ; mais à mesure qu'approchent les lignes apparaissent des noirceurs, comme de fusain, que la main de l'homme a mises au virginal manteau ; les routes, à cause de l'incessant flot qu'elles roulent et les boyaux et les tranchées.

Les tranchées ?... Des traits, aujourd'hui, sur la vaste feuille blanche des campagnes. Traits hésitants, dessins malhabiles. Ils s'étendent sinueux et parallèles, naissant d'un horizon, mourant à l'autre.

D'avion, cela paraît si minuscule, si insignifiant ! C'est pourtant ce sur quoi bute la puissance d'immenses armées. Et c'est l'angoisse du monde entier.

De chaque côté, les boyaux ! Réseau qui naît au voisinage des lignes, se serre et s'épaissit à mesure qu'il en approche.

Et les pistes : traits plus fins, moins flexueux, moins vagabonds.

L'ensemble est une dentelle irrégulière, en noir sur fond blanc, dentelle abandonnée, avec des fils pendants; je la reporte avec soin sur ma carte. L'œuvre de mort ne s'en trouvera pas mal.

Et les batteries? Je cherche les minuscules taches noires, que ne peut manquer de faire, devant les pièces, la déflagration des poudres. Je note, je note sans cesse. Gare les artilleurs boches; gare à la dégelée prochaine!

Tiens! la batterie 02,40 est occupée?... Elle se donnait pourtant des airs de position abandonnée. Ah! la mâtine, mais les ovales sombres sont là, les ovales révélateurs. Attends un peu...

Je note, j'observe! Ma besogne m'absorbe et je ne vois pas s'assombrir, oh! si peu, l'horizon, ni s'avancer le lourd cortège des nuages chargés de neige.

...Et soudain, des flocons descendent, rares d'abord, bien vite innombrables. La terre et le ciel disparaissent. Des gazes légères et fuyantes nous enveloppent. Nous sommes perdus dans la blancheur mouvante...

Perdus. Une violente émotion s'empare de moi, elle fait battre à grands coups mon cœur. Ah! l'angoisse de passer brusquement de l'aisance immense à l'étroit enserrement. J'étouffe sous la masse énorme des mousselines descendantes. J'étouffe dans le grand silence ouaté... Je sens l'insaisissable suaire resserrer petit à petit son étreinte humide. L'affreuse oppression grandit. Horreur! je suis l'enlisé que submergent les sables; le noyé qui s'enfonce; le poitrinaire à qui l'air manque...

D'un effort de volonté je me reprends. Je cesse de sentir, je me mets à penser. Je pense que notre situation est des plus scabreuses et qu'il faudrait bien nous tirer d'affaire ou du moins essayer. Mais que tenter, pour cela?

Descendre? non. La terre viendrait sans que nous la vissions approcher. Ce serait l'écrasement dans quelque champ ou sur quelque maison. Autant que possible, non, pas cela.

Une seule chose à tenter, je crois bien :

nous en aller chercher au loin un ciel libre de ces maudits flocons. Je hurle à mon pilote :

— Plein sud-ouest.

Nous avons une boussole. Si le vent ne nous dérive pas et si Dieu le veut, tout ira bien. Nous piquons au sud-ouest.

Et les flocons descendent toujours. Et nous semblons ne pas bouger. Dans le silence lourd, le ronflement étouffé du moteur me paraît de sonorité étrange. Nous allons. Et comme à regarder, d'une voiture, s'enfuir le sol de la route, petit à petit, devant l'inlassable mouvement de la masse neigeuse, un vertige s'empare de moi. Je vois soudain l'appareil dans d'étonnantes positions. Il me semble osciller de tous côtés, pointer au ciel la carlingue, et puis baisser brusquement du nez et puis se coucher de droite et de gauche. Tout est fini si le pilote à son tour perd le sentiment de l'horizontal. L'appareil ne peut manquer de s'embarquer sur une aile et de tomber...

Soudain, l'espace ; la terre et le ciel. Oh !

La zone neigeuse est dépassée. J'aspire à pleins poumons un air libre enfin. Oh! je danserais de joie dans la carlingue si cela m'était possible. Je suis comme un égaré dans la nuit de souterrains étroits qui aperçoit tout à coup la campagne et le salut.

Tout danger pourtant n'est pas écarté. Assurément non.

Il faut atterrir encore, et cette opération sur le champ couvert de neige n'est pas sans péril. Il nous sera en effet impossible de distinguer le relief du sol. Gare aux fossés! gare aux talus! gare aux capotages!

Mais j'y songe. Sommes-nous seulement en France? je regarde de tous côtés. Je ne reconnais pas la campagne! Diable! diable! Prisonnier? Ah! mais non. Il faut essayer de savoir, avant de se poser. J'ai une idée; descendre et voler très bas. Ainsi distinguerai-je peut-être quelque soldat dont l'attitude ou l'uniforme ou le coup de feu éclairera ma religion. Il n'y a pas autre chose à faire.

J'explique la manœuvre à mon pilote.

C'est long et pénible, j'ai beau hurler, c'est à peine si j'entends le son de ma voix. Je parviens cependant à me faire comprendre. Le pilote approuve d'un signe de tête et tout aussitôt nous commençons à descendre...

Mais quelle est cette ville que je viens d'apercevoir là-bas, tout là-bas! Halte à la descente, mon pilote, et droit sur elle. Il est probable que je parviendrai à l'identifier.

Nous approchons! J'écarquille les yeux, comme un naufragé qui voit venir la côte et qui s'efforce de distinguer sa nature; côte hospitalière ou dangereuse à aborder?

La cité qui vient est bâtie dans une étroite vallée. Elle est traversée par une rivière et par un canal. Nous approchons... La ville haute, la ville basse, la gare! C'est Bar-le-Duc. Dieu merci, nous sommes en air français. Et voilà un terrain d'aviation. Je distingue les hangars! Toutes les chances décidément. L'atterrissage en campagne va nous être épargné!...

Je fais part de ces heureuses découvertes

à mon pilote, dont le visage s'éclaire. Du bras, je lui montre le terrain.

Et l'atterrissage s'exécute sans incident. Nous roulons en soulevant derrière nous une nuée de neige fine; l'appareil s'arrête. Je mets pied à terre. Que je me sens bien. J'aspire à pleins poumons, goûtant à mes bronches une légèreté étonnante de l'air. Je regarde de tous côtés, tout me surprend et m'intéresse. L'aspect des choses me semble différent de celui que je savais. C'est un peu comme si je connaissais le monde pour la première fois. Dieu! qu'il est beau et que je m'y sens bien, malgré le froid, malgré la neige.

Cette renaissance à la vie, vous l'avez tous connue, n'est-ce pas? soldats, mes frères, quand, après les heures d'angoisse où la mort était sur vous, s'est enfin éloignée la terrible menace.

Je suis sur le terrain comme un enfant et je gambaderais volontiers. Mais il faut songer aux affaires sérieuses et d'abord prévenir l'escadrille où l'on doit être fort inquiet, ensuite abriter l'appareil. Il attendra ici des cieux plus cléments.

Quant à nous, nous allons rejoindre tout de suite en automobile.

Tandis que nous roulons vers L..., chaudement vêtus de fourrures, je goûte le plaisir, maintenant hors d'affaire, de revivre par la pensée les dangers courus. Un frisson parcourt mes membres au souvenir de mon angoisse quand, perdu dans la blancheur sans fin des flocons, je désespérais. Et ce frisson m'est agréable. Sain et sauf à la côte, j'écoute dans le passé hurler et battre la tempête.

Le 3 novembre est un jour de fête pour les élèves de l'École centrale. Ceux de la région de Verdun avaient décidé de se réunir à cette date pour déjeuner, à Rampont. Dégart était du nombre des convives...

Il se faisait une joie de cette réunion parce qu'elle était l'occasion pour lui de revoir de vieux amis et parce qu'il aimait le vin et la gaîté.

— Pourvu que je sois libre demain, me dit-il la veille.

Rampont est un village situé à quelques kilomètres du terrain. Dégart devait l'atteindre dans la voiture de Damon, un Central aussi, d'une escadrille voisine.

Or, au matin du 3 novembre, le temps était douteux. Beaucoup de nuages au ciel, mais quelques éclaircies. On allait vraisemblablement pouvoir travailler vers le milieu de la journée. Nous demandâmes à l'artillerie son programme : il comprenait un seul réglage. C'était pour le mieux ; nous étions six observateurs. Dégart pouvait en toute tranquillité s'en aller à la fête.

Vers 10 heures le plafond se disloqua. Une large nappe de ciel bleu se tendit entre les masses nuageuses. Dégart me dit :

— Je pars.

— Déjà? Tu vas arriver bien trop tôt.

Il reprit :

— Tu ne me comprends pas ; je pars faire le réglage.

— Et la fête, et les amis?

— Je pars.

— Voyons, ce n'est pas sérieux, ce que tu me dis là. Est-ce à ton tour de voler? Non ; et quand cela serait? Ne sommes-nous pas cinq à n'avoir que faire, à ne demander qu'à travailler? C'est moi qui vais le faire, ce réglage.

— Je ne veux pas, reprit-il sèchement. Assez causé, d'ailleurs ; je pars.

Je n'avais plus qu'à me taire; je me tus. Il prit ses vêtements, ses jumelles, ses cartes et se dirigea vers les hangars.

Qu'a-t-il donc, pensai-je en le voyant s'éloigner. Aurait-il appris quelque chose qui lui fît désirer ne pas aller à Rampont? Sans doute, c'était cela! Je rentrai dans ma chambre, préoccupé malgré tout. Un livre suscita mon désir. Je me mis à lire, oubliant mon inquiétude inexpliquée.

Dégart, je l'appris ultérieurement, rencontra Damon aux hangars. Celui-ci, qui connaissait les programmes de travail, fut naturellement très surpris de le trouver résolu à voler. Il insista longtemps pour obtenir qu'il renonçât à son projet.

Mais rien ne fit et, vers 11 heures, Dégart partit.

. . . .

Deux heures passèrent. J'étais assis devant le baraquement. Un camarade vint à moi et me demanda si les avions de notre escadrille n'avaient pas les fuselages peints en rouge.

— Ils les ont ainsi, répondis-je, mais pourquoi me demandez-vous cela?

— Parce qu'il vient d'atterrir un appareil à fuselages rouges, avec les passagers grièvement blessés.

— Oh! fis-je...

Et je me précipitai vers les hangars, profondément angoissé, car l'avion ne pouvait être que celui de Dégart.

. . . .

Je vis deux corps étendus sur des civières. L'un était mon ami; chair blême et immobile!... je me penchai, je lui parlai. Il ne répondit pas. Mais, comme j'étais là, d'une voix faible, il prononça quelques mots, comme de très loin...

— Je mourrai donc en soldat, comme mes ancêtres... Je suis content.

Héroïque ami! Une voiture d'ambulance l'emporta presque aussitôt après. Je la suivis des yeux, jusqu'au tournant de la route, triste à mourir... songeur aussi. Car il me souvenait de l'obstination de Dégart à voler ce jour-là, malgré ses promesses, malgré les objurgations de Damon et les miennes.

Le 27 décembre, parvint à l'escadrille un ordre du grand quartier général me détachant, pour un stage de quelques jours, à l'École de tir aérien d'Arcachon.

Rien de plus agréable qu'un tel stage. Mais, comme il n'y avait alors à l'escadrille que trois observateurs entraînés, je m'en fus trouver le commandant et, malgré de multiples difficultés, j'obtins que l'ordre fût rapporté.

Le 28 décembre au matin, le temps n'était point par trop défavorable. Je téléphonai à l'artillerie pour lui demander quel travail elle prévoyait. Il me fut répondu qu'un réglage peut-être serait tenté. Comme cela n'était pas bien sûr, on me téléphonerait à nouveau, ultérieurement. Là-dessus, je m'installai dans un fauteuil et je me mis tranquillement à lire. Une heure passa sans que rien me parvînt de l'artillerie. Cela me parut étrange. Je décidai de l'appeler. Je saisis la manivelle et je tournai.

— Allô ! Allô !...

Pas de réponse.

— Allô ! Allô !...

Toujours rien. Tiens ! les fils étaient coupés entre le central et moi... Voilà pourquoi, sans doute, je n'avais rien su de l'artillerie. Il importait que je puisse lui parler au plus vite.

Je m'en allai vers les hangars. Nous y avions un téléphone : celui-là vraisemblablement fonctionnerait. En arrivant sur le terrain, je vis un avion, passagers dans la carlingue, prêts à partir. Je m'approchai. Mon camarade Nadon m'expliqua, de son siège, qu'une demande de réglage était parvenue. On avait essayé de m'avoir, mais sans succès.

Voyant cela et pour ne pas perdre de temps, il s'était décidé à partir à ma place.

Je lui répondis qu'il avait agi fort sagement ; mais du moment que je me trouvais là, c'était à moi de prendre l'air comme il était prévu. D'ailleurs un simple échange d'observateurs.

Il descendit, je montai... L'appareil décolla et à quelque cinq cents mètres du terrain, je fis la plus belle chute du monde. Ainsi le voulut l'un des moteurs qui brusquement s'arrêta... Ce ne fut que l'espace de quelques secondes désagréables. L'appareil se mit soudain sur l'aile et glissa... Je vis le sol approcher avec une rapidité considérable... Mais je ne sentis aucune douleur. Je m'évanouis, comme on s'endort...

Le pilote en fut pour peu de chose. Quant à moi, j'eus la face sérieusement traumatisée et je dus m'en aller à l'arrière pour de longs soins.

. . . .

Maintenant, au souvenir des hasards qui m'amenèrent sur le terrain, à temps pour m'embarquer dans le funeste avion, je songe; je songe, comme je songeais, lorsque s'en allait mon pauvre Dégart.

Et je me demande si le malheur n'a pas une voix mystérieuse, et si cette voix, comme un chant de sirène, n'appelle pas irrésistiblement.

Ainsi allons-nous, guettés sans cesse par une affreuse mort, attentifs à l'appel du malheur. Heureux quand même.

J'entends ici bien des gens se récrier : « Quoi! Heureux au milieu de tant de souffrances, de tant d'horreur... »

Ceux-là pensent que le bonheur est de mener misérablement une longue vie, les yeux obstinément rivés au sol.

Mais à nous, la quantité des jours vécus importe peu. Notre souci est uniquement la qualité de la vie, qui les emplit...

Heureux! Oui... Nous le sommes de peiner, de souffrir pour une noble cause, de nous donner tout entier à l'accomplissement d'une œuvre sainte... Ne savez-vous pas quelle source de joie c'est, que de s'offrir, victime volontaire d'un haut idéal? que de se sentir au-dessus, très au-dessus de la matière et l'âme pleine de mépris pour ces bas-fonds de nous-mêmes, désirs, passions ?

Alors vraiment, il nous paraît que nous valons quelque peu et que nous avons droit, malgré la boue qui nous souille, à notre propre estime.

Heureux aussi de vivre largement, en pleine lumière, en plein espace, parmi les transparences sans fin, qui sont partout et enveloppent de splendeurs !... Je voudrais rendre nos bonheurs devant les paysages célestes.

Nulle ligne ! Nul rythme, il est vrai, pour intéresser !... Nul trouble ! Nulle complexité, non plus. Et l'âme se dépouille du lourd vêtement des passions et se simplifie et s'immensifie avec ces profondeurs illimitées, avec ces limpidités parfaites...

Épuration, élargissement délicieux.

Mais la vastité de ces champs sans borne frappe soudain et l'âme perçoit l'engloutissement de l'homme dans l'infini!... Elle tremble et s'effraie. Mais une ample perspective lui a été offerte, de l'univers, et, troublée, elle s'émerveille... Instants de joie, forte et terrible...

Ainsi allons-nous, ouvriers privilégiés de la grande œuvre, remués sans cesse, jusqu'au plus intime de notre être, par les angoisses et les joies aiguës.., vers la mort, il est vrai... Mais pourquoi nous plaindrions-nous? Quand l'heure viendra, n'aurons-nous pas vécu une intense et haute vie! Et la France ne demeure-t-elle pas, qui éternisera un peu de nous-mêmes?...

NANCY, IMPRIMERIE BERGER-LEVRAULT — FÉVRIER 1918

LIBRAIRIE MILITAIRE BERGER-LEVRAULT

PARIS, 5-7, rue des Beaux-Arts — rue des Glacis, 18, NANCY

LA GUERRE — LES RÉCITS DES TÉMOINS

La Victoire de Lorraine (24 août-12 septembre 1914). **Carnet d'un Officier de Dragons**, par Adrien BERTRAND. 20ᵉ édition, revue et augmentée. 1917. Volume in-12, avec 18 photographies . . . . **3 fr. 50**

Carnet de route d'un Officier d'Alpins. 1ʳᵉ série : *Août-septembre 1914. En Lorraine. La bataille de la Marne.* 11ᵉ édition. 1916. Volume in-8, avec 6 gravures et 1 carte hors texte, broché. . . . . **1 fr. 50**
— 2ᵉ série : *Octobre à décembre 1914. En Argonne. Sur l'Yser. En Artois.* 1916. Volume in-8, avec 3 gravures et 3 cartes hors texte . . . . . **1 fr. 50**

Morhange et les Marsouins en Lorraine, par R. CHRISTIAN-FROGÉ. Préface de J.-H. ROSNY aîné. 1917. Volume in-12, avec 16 photographies et 4 cartes. . . . . **3 fr. 50**

La Croix des Carmes. *Documents sur les Combattants du bois Le Prêtre,* par Jean VARIOT. 1916. Volume in-16 jésus, avec 5 dessins de l'auteur. **2 fr.**

Journal de Campagne d'un Oficier de ligne. *Sarrebourg. La Mortagne. Forêt d'Auremont,* par le capitaine HIMBAULT. Préface de Maurice BARRÈS, de l'Académie Française. 1916. Volume in-12, avec 8 illustrations et 3 cartes, broché. . . . . **3 fr. 50**

Journal d'un Officier de Cavalerie. *Le Raid en Belgique. La Retraite sur Paris. La Bataille de l'Ourcq. La Course à la mer du Nord. Les Tranchées,* par Charles OUY-VERNAZOBRES. 1917. Volume in-12, avec 16 illustrations hors texte. . . . . **3 fr. 50**

La Flamme victorieuse. *Carnet de route. Trois Étapes du 20ᵉ Corps. Haraucourt — Fouquescourt — Hébuterne,* par Raymond GENTY. 1917. Volume in-12. . . . . **3 fr. 50**

L'Aube sanglante. *De la Boisselle (octobre 1914) à Tahure (septembre 1915),* par le lieutenant-colonel BOURGUET. Préface du général PERCIN. 1917. Volume in-12, avec 2 portraits hors texte . . . . **3 fr.**

En Rase Campagne 1914. Un Hiver à Souchez 1915-1916, par Jean GALTIER-BOISSIÈRE. 1917. Volume in-12, avec 17 illustr. par l'auteur. **3 fr. 50**

Quelques Images de la Guerre. Woëvre-Verdun, par le lieutenant E. HERSCHER. Préface de Gustave GEFFROY. 1917. Volume in-12, avec 55 dessins de l'auteur, dont 20 planches hors texte. . . . . **3 fr. 50**

La Cote 304. *Souvenirs d'un Officier de Zouaves,* par André DOLLE. 1917. Volume in-12, avec illustrations . . . . **3 fr. 50**

Charleroi. *Notes et impressions,* par FLEURY-LAMURE, correspondant de guerre français du *Times* en Belgique. Préface de Gerald CAMPBELL, correspondant spécial du *Times.* 18ᵉ édition. 1916. Volume in-8, avec portrait, 2 fac-similés hors texte et 5 cartes . . . . **1 fr. 50**

Avec les Français en France et en Flandre. *Impressions vécues d'un aumônier attaché à une ambulance de campagne,* par OWEN SPENCER WATKINS, aumônier aux armées anglaises. Traduit par Henri et Jeanne DUPUY. 6ᵉ édition. 1915. Volume in-8, avec portrait et 7 planches . **2 fr.**

Champs de Bataille de la Marne. I. L'Ourcq. *Meaux — Senlis — Chantilly* (Guides Michelin pour la visite des champs de bataille). 1917. Volume in-8, avec 175 vues photographiques, 12 portraits et 19 cartes et plans en noir et en couleurs, cartonné. . . . . **3 fr. 50**
— **II. Les Marais de Saint-Gond.** *Coulommiers, Provins, Sézanne.* 1918. Avec 16 portraits, 156 photographies et 13 cartes et plans . . . **3 fr. 50**

LIBRAIRIE MILITAIRE BERGER-LEVRAULT

PARIS, 5-7, rue des Beaux-Arts — rue des Glacis, 18, NANCY

Verdun à la veille de la Guerre et Verdun en 1917, par Edmond PIONNIER et Ernest BEAUGUITTE. 1917. Volume grand in-8, avec 43 dessins de KONARSKI et 9 photographies de Verdun bombardé . . . . . . **3 fr. 50**

Quelques Héros. *Récits authentiques de la Grande Guerre,* par le capitaine DELVERT. Lettre-préface de Marcel PRÉVOST, de l'Académie Française. 5e édition. 1918. Volume in-12, avec 16 gravures hors texte . . . . . . **3 fr. 50**

Petites Images du temps de guerre, par André WARNOD. 1918. Volume in-12, avec 43 dessins de l'auteur . . . . **3 fr. 50**

Parmi les Ruines. *De la Marne au Grand Couronné,* par Gomez CARRILLO. Traduit de l'espagnol par J.-N. CHAMPEAUX. 4e mille. 1915. Volume in-12 de 387 pages, broché . . . . **3 fr. 50**

Le Sourire sous la Mitraille. *De la Picardie aux Vosges,* par E. Gomez CARRILLO. Traduction de Gabriel LEDOS, revue par l'auteur. 1916. Volume in-12 . . . . **3 fr. 50**

Au Cœur de la Tragédie. *Les Anglais sur le front,* par Gomez CARRILLO. Traduction de Gabriel LEDOS. 1917. Volume in-12 . . . . **3 fr. 50**

Lettres pour le Filleul de l'Arrière, par Paul ABRAM. Préface de Paul MARGUERITTE. 1917. Volume in-16 jésus . . . . **3 fr.**

Une Visite à l'Armée anglaise, par Maurice BARRÈS, de l'Académie Française. 1915. Volume in-16 jésus de 120 pages . . . . **1 fr. 25**

La France en guerre, par Rudyard KIPLING. Traduit de l'anglais par Claude et Joël RITT. 7e édition. 1916. Vol. in-16 jésus, avec 2 photogr. . . **1 fr. 50**

Carnets de Route de Combattants allemands. Traduction intégrale, introduction et notes par Jacques DE DAMPIERRE, archiviste-paléographe. — I. *Un officier saxon. — Un sous-officier posnanien. — Un réserviste saxon.* (Publication autorisée par le ministère de la Guerre.) 1916. Volume in-12, avec 16 illustrations et fac-similés photographiques . . . . **3 fr. 50**

Germania. *L'Allemagne et l'Autriche dans la civilisation et l'histoire,* par René LOTE, agrégé de l'Université, docteur ès lettres. 2e édition. 1917. Volume in-12 . . . . **3 fr. 50**

Le Sens des Réalités, Sagesse des États. *Leçons politiques de la guerre,* par René LOTE. 1917. Volume in-12 . . . . **3 fr. 50**

Guerre et Civilisation, par Christophe NYROP, professeur à l'Université de Copenhague. Traduit du danois par Emm. PHILIPOT. 1917. Vol. in-12. **3 fr.**

La Guerre à l'allemande, par Jeanne et Frédéric RÉGAMEY. 2e édition. 1915. Volume in-12 . . . . **1 fr. 50**

En Alsace reconquise. *Impressions du Front 1915,* par Ed. BAUTY, rédacteur en chef de la *Tribune de Genève.* 1915. Volume in-8, avec 16 photographies hors texte . . . . **2 fr.**

Jusqu'au Rhin. *Les Terres meurtries et les Terres promises,* par A. DE POUVOURVILLE. 5e édition. 1917. Volume in-12, avec 32 cartes. . . . . **3 fr. 50**

Devant l'Histoire. *Causes connues et ignorées de la Guerre,* par Paul GINAIN, docteur en droit. 1917. Volume in-12, honoré d'une souscription du ministère des Affaires étrangères . . . . **3 fr. 50**

La Mendicité allemande aux Tuileries, 1852-1870. *Avec une liste alphabétique des quémandeurs allemands,* par Henri WELSCHINGER, de l'Institut de France. 1917. Volume in-12 . . . . **1 fr.**

La Vérité territoriale et la Rive gauche du Rhin, par F. DE GRAILLY. Nouvelle édition. Préface de M. Ernest BABELON, membre de l'Institut. 1917. Volume in-12 de 432 pages . . . . **3 fr. 50**